Berggenuss statt Höhenangst

statt

mit
**COACHING-
KARTEN**

Petra Müssig

Einbandgestaltung: Katrin Kleinschrot, Marion Köster
Titelbild: Petunya (Fotolia).

ISBN 978-3-613-50671-8

2. Auflage 2015

Sie finden uns im Internet unter: www.pietsch-verlag.de

Lektorat: Susanne Fischer
Innengestaltung: Medienfabrik GmbH, Stuttgart
Druck und Bindung: KoKo Produktionsservice, 70900 Ostrava
Printed in Czech Republic

Inhalt

Einleitung

Ein paar offene Worte vorweg

Dieses Buch ist auf Grundlage jahrelanger praktischer Erfahrung mit von Höhen- und Sturzangst betroffenen Menschen entstanden. Ich bin keine Psychologin, beschäftige mich in diesem Buch bewusst nicht mit psychologischen Ursachen und bediene mich auch nicht psychologischer Herangehensweisen. Denn mein Ansatz ist zielorientiert und praxisbezogen und basiert in erster Linie auf biologischen Hintergründen und entsprechenden physiologischen Techniken und Methoden. Mein Buch soll Ihnen helfen, besser zu verstehen, was bei Höhenangst in Ihrem Körper vorgeht und wie Sie mit einfachen, physiologischen Maßnahmen lernen können, Stress und Angst zu regulieren. Die hier vorgestellten Ansätze und Maßnahmen richten sich an gesunde Menschen, die ihr Wissen über die Hintergründe von Ängsten in ausgesetztem und alpinem Gelände vertiefen und sich über Techniken und Methoden informieren wollen, die den Umgang mit Höhen- und Sturzangst erleichtern. Wenn Sie unter schweren Phobien leiden oder sich in psychotherapeutischer Behandlung befinden, sollten Sie eventuell mit Ihrem Psychologen oder Therapeuten absprechen, ob dieses Buch für Sie geeignet ist.

»*Mut bedeutet nicht, keine Angst mehr zu haben. Es ist die Entscheidung, dass etwas Anderes wichtiger ist als die Angst.*« (Ambrose Red Moon)

Höhenangst kann einem den Genuss der wundervollen Natur und grandiosen Bergwelt ganz gehörig verderben. Überraschend viele Menschen leiden unter Höhenangst -, die einen stärker und regelmäßig, andere nur gelegentlich. Manche beginnen erst in den mittleren Lebensjahren damit, sich auf Bergtouren zunehmend unwohl zu fühlen, andere stellen fest, dass ihre Angst durch regelmäßige Touren abnimmt.

Die Dunkelziffer der Wanderer, Bergsteiger, Mountainbiker und Wintersportler mit Höhenangst ist hoch: Aufgrund ihrer Angst vermeiden sie den Kontakt zur Bergwelt und tauchen dementsprechend auch nicht in Statistiken über Mitglieder in Vereinen und Foren, Leser- oder Gästegruppen auf.

Auch wird vergleichsweise wenig Rat und Hilfe angeboten, wenn jemand über Höhenangst klagt. Der Weg zum Psychologen ist oft der einzige Tipp und schreckt viele Menschen ab. Berechtigt, denn in den meisten Fällen ist Höhenangst kein psychisches, sondern ein physiologisches »Problem«, das sich – bei entsprechendem Training – in den Griff bekommen lässt.

Angst ist in den meisten Fällen ein gesundes Warnzeichen des Organismus und sollte in jedem Fall ernst genommen werden. Es geht nicht darum, seine Angst »zu bekämpfen« oder wegzubekommen, sondern darum, mit Nervosität und Angst künftig anders umzugehen. Im Grunde genommen ist es gleichgültig, woher die Angst kommt und welche Erfahrungen im Laufe eines Lebens dazu führen, dass ein Mensch in bestimmten Situationen mit Angst reagiert. Viele Menschen, die sich in bestimmten Situationen unwohl fühlen oder fürchten, zeichnen sich dafür in anderen durch ein hohes Maß an Entschlossenheit und Mut aus. Deswegen plädiere ich dafür, dass man seine Ängste als Teil der eigenen Persönlichkeit akzep-tiert. Sie fühlen sich unwohl, wenn Sie auf einem ausgesetzten Felsvorsprung stehen und in die Tiefe blicken! Na und? Besser ist das allemal, denn unter Ihnen geht es viele Meter hinunter und die Situation ist tatsächlich bedrohlich. Also warum sollten Sie keine Angst haben?

Angst wird erst dann zum Problem, wenn sie den Alltag und die Lebensfreude beeinträchtigt. Wenn sich Ihre Angst nicht mehr regulieren lässt und Sie durch deren physiologische Auswirkungen so heftig blockiert werden, dass Sie ernsthaft in Gefahr geraten. Aber nun halten Sie dieses Buch in Händen und haben ganz offensichtlich den Entschluss gefasst, etwas gegen Ihre Angst zu unternehmen. Oder anders ausgedrückt: zu lernen, mit Ihrer Angst umzugehen.

Ich gratuliere Ihnen zu Ihrem Mut und Ihrer Entschlossenheit und freue mich darauf, Sie auf dem Weg zum Gipfel ein Stück zu begleiten!

Auf geht's!

1

Auweh, der Berg ruft!

Höhenangst? Oder die Angst vor dem Fallen?

Wenn Sie ein Buch über Höhenangst lesen, dann kennen Sie das vermutlich: Sie wandern gemächlich einen sanft ansteigenden Pfad durch den Wald hinauf. Ihre Atmung ist tief und ruhig. Ihre Tritte sind fest und sicher. Plötzlich führt der Pfad aus dem Wald heraus. Rechts von Ihnen geht es grasbewachsen steil hinauf und links unter Ihnen, keine 25 Zentimeter von Ihren Fußspitzen entfernt, geht es mehrere hundert Meter steil bergab. Schlagartig verändert sich Ihr Befinden. Sie stocken, tasten sich zögerlich ein paar Meter weiter, es scheint Ihnen gerade so, als würden Sie in die Tiefe gezogen. Die Wanderer hinter Ihnen rücken schnell auf, Sie können deren Atem und Ungeduld direkt im Nacken spüren. Noch ein paar Meter und für Sie geht es weder vor noch zurück. Ihre Hände sind schweißnass, die Beine zittern, Sie starren wie gebannt in die Tiefe: Keine Spur von Berggenuss. Die Angst hat Sie fest im Griff, Sie sind Ihren negativen Empfindungen scheinbar hilflos ausgeliefert.

Solche Erfahrungen machen nicht nur Wanderer oder Bergsteiger. Sie befallen ebenso häufig Kletterer, Mountainbiker und Skitourengeher, ja selbst auf einem Kirchturm mitten in der Stadt oder auf der Leiter beim Fensterputzen kann einen diese Angst überkommen. Und sie blockiert nicht nur Lust und Motivation, sondern auch Muskeln, Koordination, Atmung und Sinne. Jetzt können Sie sich so viel Mühe geben, wie Sie wollen. Andere Menschen können unzählige gute Ratschläge, Beschwichtigungen, vernünftige oder emotionale Argumente anführen. Vergeblich: Solange die Angst Sie im Griff hat, sind körperlichen Funktionen, Handlungsspielräume und selbst das Denkvermögen mehr oder weniger stark blockiert. Und trotzdem: Angst ist ein natürlicher und sinnvoller Prozess, der eine Warn- und Schutzfunktion hat. Auch wenn Sie es in diesem Moment nicht so empfinden.

Nicht alle Menschen reagieren gleich heftig. Tagesform, langfristige unangenehme Stressbelastung in anderen Lebensbereichen, frühere Erfahrungen oder »die Angst vor der Angst« können Angstreaktionen verstärken.

Tagesform

Die Tagesform kann bei der Entstehung und der Stärke von Angst eine Rolle spielen. Egal in welcher Sportart, stets höre ich, dass Nervosität, Zweifel, Unsicherheit und Angst von Mal zu Mal variieren können und dass es »gute und schlechte Tage« gibt. Paradoxerweise nehmen die wenigsten Menschen Rücksicht oder gezielten Einfluss auf die Tagesform beeinflussende Faktoren wie Ernährung, Schlaf, Arbeitspensum, Sorgen und Ärger, Freude und Zufriedenheit, Krankheiten oder nicht ausgeheilte Verletzungen und nicht zuletzt Zyklusschwankungen bei Frauen. Alle diese Faktoren beeinflussen Wohlbefinden, Leistungsfähigkeit und Selbstvertrauen. Je wacher und besser Sie sich fühlen, desto höher liegt Ihre Angstschwelle. Je weniger Sie aus den oben genannten Gründen auf Ihr tatsächlich vorhandenes Leistungsvermögen zugreifen können, desto eher kann Sie Ihr Körper in potenziell bedrohlichen Situationen durch sein Warnsystem »Angst« auf ein eventuell erhöhtes Risiko aufmerksam machen.

Die »Angst vor der Angst«

Bei der »Angst vor der Angst« befindet sich der Betroffene schon eine ganze Weile lang vor der eigentlichen Herausforderung in einer Stresssituation, weil er sich schon seit Stunden oder Tagen sorgenvolle, zweifelnde Gedanken wegen der bevorstehenden Bergtour macht. Da der Körper nicht nur auf reale Anzeichen von Bedrohung reagiert, sondern ebenso auf Gedanken oder Vorstellungen, kann durch entsprechend negative, zweifelnde oder kritische Gedanken eine erhöhte Stressbelastung im Körper ausgelöst werden. Bei einem bereits erhöhten Stresspegel reagiert der Körper noch schneller und heftiger auf jedes noch so winzige Detail, das eventuell bedrohlich sein könnte, und die Angstschwelle sinkt immer tiefer ab.

Langfristige unangenehme Stressbelastung in anderen Lebensbereichen

Bei Stress unterscheidet man zwischen positiver und negativer Belastung. Positiver Stress – sogenannter Eustress – wird als anregend, energetisierend und angenehm empfunden. Negativer Stress – sogenannter Distress – hingegen kostet Energie, wird als unangenehm empfunden und laugt mit der Zeit aus. Jede negative Stressbelastung, gleichgültig, ob die Belastung real ist, in Gedanken besteht oder durch Bilder in Film und Fernsehen vermittelt wird, erhöht kurzzeitig die Ausschüttung bestimmter Hormone und Neurotransmitter. Folgt nach der Stressbelastung eine Phase der Erholung, kann das Gleichgewicht des Körpers wieder hergestellt werden. Wenn belastender Stress länger andauert, kommt der Organismus mit dem Regulieren nicht mehr hinterher und gerät über kurz oder lang in ein Ungleichgewicht.

In meiner Praxis habe ich häufig mit Menschen zu tun, die in bestimmten Lebensphasen über erhöhte Höhenangst oder Sturzangst klagen. In solchen Fällen stellt sich nicht selten heraus, dass sich diese

Menschen seit längerer Zeit in beruflich oder privat sehr belastenden Situationen befinden oder bis kurzem noch befunden haben. So leiden beispielsweise Männer nach Ehescheidungen und Trennungen häufig stärker unter Höhen- und Sturzangst als Männer, die in einer festen, intakten Beziehung leben.

Sie werden in diesem Buch immer wieder Hinweise darauf finden, dass erhöhter Stress – gleichgültig, ob kurzfristig oder länger andauernd – die Angstschwelle herabsetzen kann. Warum ist leicht zu erklären: Wenn Sie sich einer erhöhten, eventuell sogar tatsächlich bedrohlichen Herausforderung stellen möchten, sollten Sie in der Lage sein, Ihr Leistungsvermögen in vollem Umfang abrufen zu können. Wenn Ihr Organismus durch eine länger anhaltende Stressbelastung in anderen Lebensbereichen bereits aus dem Gleichgewicht gebracht ist, ist das Leistungsvermögen reduziert. Ihr Körper hat grundsätzlich immer Recht und Angst ist stets ein sinnvoller und ernstzunehmender Warnmechanismus. Wenn Sie also in Zeiten erhöhter Stressbelastung stärker durch Angst blockiert werden, dann ist es vielleicht tatsächlich der falsche Moment für herausfordernde, anstrengende Aktivitäten, die den Körper jetzt zusätzlich belasten könnten. Anstatt sich in solchen Phasen einem schwierigen Klettersteig auszusetzen, wäre es sinnvoller, dass Sie sich eine leichte, aber lange, genussvolle Bergwanderung gönnen, bei der Sie auftanken und auf andere Gedanken kommen können. Maßvolle Bewegung an der frischen Luft ist ein sehr wirksames Mittel, um aufzutanken und Stress abzubauen. Das sollten Sie in Zeiten erhöhter Belastung berücksichtigen und Ihren Körper nicht noch zusätzlich stressen, indem Sie sich zu schwere Touren und bedrohliche Situationen zumuten.

Die ganz normale Angst vor dem Fallen

Es ist egal, durch was Angst ausgelöst wird: Das, was im Körper abläuft, wenn Ihr Organismus eine Situation als bedrohlich einstuft, ist eine absolut sinnvolle Einrichtung der Natur. Entsprechend der Angst auslösenden Situation kann man zwischen verschiedenen Ängsten unterscheiden. Häufig machen Betroffene keinen Unterschied: Für sie ist alles, was mit Höhe zu tun hat, eben »Höhenangst«.

Dabei handelt es sich in vielen Fällen von »Höhenangst« nicht um die Angst vor der Höhe, sondern um die Angst vor dem Fallen. Und die ist ein vollkommen normaler und ausgesprochen sinnvoller Warnmechanismus. Denn sollten Sie tatsächlich schon nur aus einer Höhe von zwei, drei Metern hinabstürzen, können Sie sich bereits ernsthaft verletzen. Dabei ist es Ihrem Organismus egal, ob Sie von einem Berg, einem Turm, einer Leiter oder einer Brücke fallen könnten, denn er weiß: »Je höher desto Platsch!« Wenn hingegen Ihr Organismus in Situationen, in denen Sie (tief) fallen könnten, vollkommen ungerührt bleibt, sollte Ihnen das viel mehr Sorgen bereiten.

»Je höher desto platsch!« – *Angst ist eine vollkommen normale, gesunde – und in dieser Situation absolut verständliche – Reaktion des Körpers.*

Dass die Angst vor dem Fallen ein normaler Prozess ist, lässt sich durch ein eindrucksvolles Experiment (»visuelle Klippe«, Eleanor Gibson und Richard Walk, 1960) belegen: Forscher haben Kinder im Krabbelalter über eine stabile Glasplatte krabbeln lassen, die direkt auf dem Fußboden auflag. Die Kinder krabbelten entdeckerfreudig kreuz und quer über die Glasplatte. Danach wurde die Glasplatte auf zwei Blöcke gelegt, sodass sich unter der Platte ein breiter Spalt von etwa einem Meter Höhe auftat. Die Kinder krabbelten entschlossen los, gelangten bis zur Kante des Blockes und stoppten dort. Keines war zu bewegen, weiterzukrabbeln und sich dadurch über den Spalt zu bewegen. Und das obwohl die Kinder mit Händen und Beinen einen tragfähigen Untergrund durch die stabile Glasplatte spüren konnten. Diese Beobachtung lässt eindeutig darauf schließen, dass wir über einen angeborenen Warnmechanismus verfügen, der uns vor Situationen, in denen wir fallen könnten, stoppt oder doch zumindest zögern lässt. Wenn man es genau nimmt, müsste man also in Situationen, in denen der Körper auf eine potenzielle Bedrohung durch (Ab-)Stürzen reagiert, von der Angst vor dem Fallen oder der Sturzangst sprechen. Der Einfachheit halber wird dem üblichen Sprachgebrauch entsprechend in diesem Buch meistens der Begriff Höhenangst verwendet, auch wenn es sich dabei eigentlich um Sturzangst handelt.

Die Sache mit dem Höhenschwindel

Bei der Entstehung der Angst, die einen in ausgesetztem und alpinem Gelände oder auf einem hohen Turm befallen kann, spielt ein weiterer, ebenfalls ganz natürlicher Prozess eine maßgebliche Rolle. Hier kommt der Höhenschwindel mit ins Spiel.

Um den Höhenschwindel besser zu verstehen, lade ich Sie zu einem kleinen Experiment ein: Stehen Sie bitte auf und stellen Sie sich mitten in den Raum, in dem Sie sich gerade befinden. Dass Sie nun aufrecht und gerade stehen können, ohne bemerkenswert stark zu schwanken oder umzufallen, wird durch einen bestimmten Prozess im Zusammenspiel mit Ihren Augen, dem Gehirn und der am Stehen beteiligten Muskulatur geregelt. Ihre Augen nehmen über das periphere (= äußere) Sichtfeld feststehende und kontrastreiche Objekte wie Möbel, Wände, Bäume, Geländeformationen, Häuserfassaden etc. wahr und leiten diese Reize weiter ins Gehirn. Dieses orientiert sich dann bezüglich der Lage des Körpers im Raum (stehen – liegen – aufrecht – schräg etc.) an diesen Objekten. Nun stellen Sie sich vor, Sie queren auf einer Wanderung oder einer Skitour einen Berghang. Auf der einen Seite des Weges befinden sich Bäume oder Felsen, aber auf der anderen Seite des Weges geht es steil abfallend ins Tal. Auf dieser dem Tal zugewandten Seite sind in unmittelbarer Nähe keine feststehenden oder kontrastreichen Objekte, an denen sich Ihr Gehirn über das periphere Sichtfeld orientieren könnte. Je länger Sie »ins Nichts« blicken (und Menschen mit Höhenangst schauen oftmals wie gebannt genau

An ausgesetzten Stellen finden die Augen keine oder zu wenig feststehende, kontrastreiche Objekte, an denen sich der Körper orientieren kann, und man beginnt, unmerklich zu schwanken.

Um die Entwicklung von Höhenschwindel noch besser nachzuvollziehen, empfehle ich folgendes Experiment: Suchen Sie sich draußen im Freien einen breiten und weiten Platz. Stellen Sie sich aufrecht hin und blicken Sie in den Himmel. Dabei sollten sich in Ihrem peripheren Sichtfeld keinerlei Objekte mehr befinden. Bleiben Sie so ein paar Atemzüge lang stehen (siehe Abbildung 1). Vermutlich werden Sie spüren, wie Ihr Körper ganz leicht zu schwanken beginnt.

Stellen Sie sich anschließend seitlich neben eine Hauswand oder einen Baum, blicken Sie erneut nach oben in den Himmel und beobachten Sie, ob Sie auch dieses Mal zu schwanken beginnen (siehe Abbildung 2).

dorthin), desto stärker wird Ihr Körper zu schwanken beginnen, weil er sich in seiner Lagestabilität an keinem feststehenden Objekten orientieren kann. Dieses Schwanken – auch wenn Sie selbst das gar nicht bewusst wahrnehmen – kann von Ihrem Körper ganz schnell als zusätzliche Bedrohung empfunden werden. Für Ihren Körper also kommt zu der einen Bedrohung – der Möglichkeit zu stürzen – eine weitere Bedrohung hinzu: die Empfindung von leichtem, eventuell zunehmendem Schwindel aufgrund des drohenden Verlusts seiner Lagestabilität. In Ihrem Körper herrscht also bereits eine erhöhte Warnstufe. Das genügt, um die typischen physiologischen Reaktionen und Anzeichen von Angst auszulösen, die ich Ihnen gleich noch beschreiben werde.

Abbildung 1

Abbildung 2

Die Gefahr von Höhenschwindel verringern

Menschen, die von Höhenschwindel betroffen sind, sollten stets darauf achten, dass sich in ihrem seitlichen Blickfeld feststehende, kontrastreiche Objekte befinden **(Karte 3)**. Wenn Sie sich auf einem Grat befinden, wo es rechts und links nur noch hinabgeht, blicken Sie sehr konzentriert auf den Weg vor Ihnen. Oder Sie bitten einen Weggefährten, langsam und trittsicher vor Ihnen herzugehen. Sie heften Ihren Blick dann auf die Fersen des Vorangehenden.

Sie sollten zudem wissen, dass Höhenschwindel erst nach ein paar Sekunden entsteht. Kurze Blicke »ins Nichts« beeinträchtigen Sie deshalb kaum. Wenn Sie sich dabei zusätzlich klein machen, also sich niederkauern, hinsetzen oder auf den Bauch legen, schwankt der Körper weniger stark **(Karte 3)**. Sich bäuchlings flach auf den Boden zu legen und die Augen zu schließen oder fest auf den Boden direkt vor Ihnen zu richten, ist daher eine sehr wirksame Soforthilfemaßnahme bei akutem Höhenschwindel oder Angst.

Das Beobachten von sich bewegenden Objekten (z. B. Wolken, Flugzeuge am Himmel, Fahnen) oder das Blicken durchs Fernglas verschlimmert Höhenschwindel erheblich. Manchmal kann es vorkommen, dass Menschen bei Nebel weniger von Höhenschwindel und der dadurch ausgelösten Angst betroffen sind als bei klarer Sicht. Das ist nicht verwunderlich: Bei Nebel blickt man viel konzentrierter auf den Weg vor sich anstatt »ins Nichts«, dieses ist sozusagen im Nebel verschwunden. Folglich lenkt man den Blick

Wenn es rechts und links bergab geht, richten Sie Ihren Blick konzentriert auf den Weg vor sich oder auf die Füße eines sicher Vorangehenden.

Höhenschwindel nimmt ab, wenn Sie sich niederkauern oder auf den Bauch legen. Kurze Blicke nach unten und »ins Nichts« beeinträchtigen Sie zudem weniger als lange Blicke.

automatisch auf den Weg vor sich, woran sich Sinnesorgane und Gehirn orientieren und die Lage stabil halten können **(Karte 3)**. Anders ist es bei dichtem Nebel und Schnee: Wenn um sie herum alles weiß in weiß versinkt, wird es selbst höchst erfahrenen und sicheren Schneemännern und -frauen schwindelig, auch sie geraten dann ins Straucheln und wissen nach einiger Zeit nicht mehr, wo oben und unten ist.

Hyperventilation

Und weil Sie gerade mitten drin sind in der Entstehung einer Höhenangst, möchte ich Ihnen noch einen weiteren Auslöser vorstellen, der jetzt unter Umständen hinzukommen kann: die Hyperventilation. Die Hyperventilation ist eine physiologische Stressreaktion, bei der Ihnen nicht der Atem stockt (eine häufige Reaktion des Körpers bei Angst), sondern bei der sich die Atemfrequenz stark erhöht. Dabei wird der Körper nicht etwa mit mehr Sauerstoff versorgt, sondern es wird verstärkt Kohlendioxyd abgeatmet. Das führt zu einer Abnahme des CO_2-Gehalts im Blut, wodurch es zu einer Veränderung der Hirngefäße kommt. Eine paradoxe Situation also: Trotz vermehrter Atemtätigkeit kommt es zu einer Unterversorgung des Gehirns mit Sauerstoff. Infolge dessen verändert sich der PH-Wert des Bluts und führt zu Störungen des Elektrolythaushaltes. Das löst unter anderem eine Übererregbarkeit des Nervensystems mit typischen neuromuskulären Symptomen aus. Menschen, die stark hyperventilieren, atmen sehr schnell ein und aus, klagen aber gleichzeitig über starke Luftnot, den Zwang, tief einatmen zu müssen, und ein Engegefühl über der Brust. Gähnen, Seufzer und Reizhusten können ebenfalls auftreten. Typisch sind Symptome wie Gefühllosigkeit und Missempfindungen (Kribbeln), begleitet von Verkrampfungen der Hände (»Pfötchenstellung«) und Lippen (»Karpfenmaul«), Zittern, Muskelschmerzen und gelegentlich Lähmungen der Extremitäten. Weiterhin können Kopfschmerzen, Schwindel, Sehstörungen und Benommenheit auftreten.

Kein Wunder also, dass in Ihrem Körper jetzt der absolute Ausnahmezustand herrscht und dieser – bildlich betrachtet – mit allen möglichen Symptomen versucht, Sie lahmzulegen, um die Fortsetzung der Tour zu verhindern.

Physiologische Auswirkungen von Angst

Was passiert denn eigentlich genau in Kopf und Körper, wenn der Organismus eine Anforderung als bedrohlich empfindet und mit Angst reagiert? Versetzen Sie sich mental mal eben hunderttausend Jahre zurück und stellen Sie sich einen Neandertaler vor, wie er im Neandertal entspannt auf einem Stein sitzt, die Sonne genießt und es sich gut gehen lässt. Er ist entspannt, alle Körper- und Gehirnfunktionen laufen optimal. Plötzlich raschelt es hinter ihm im Gebüsch, er dreht sich um: ein Säbelzahntiger! Dieser ist in der Tat bedrohlich und wird vom Organismus reflexartig innerhalb von Sekundenbruch-

teilen als Bedrohung eingestuft. Das führt blitzschnell zu festgelegten Reaktionen: Die Atmung stockt. Der Kopf wird zum Schutz der empfindlichen Halsschlagader zwischen die Schultern eingezogen. Die Bauchdecke und die Muskulatur der Arme und Beine werden angespannt. Blick und Gehör fokussieren das Bedrohliche und im Gehirn wird die Denkfähigkeit stark eingeschränkt. Warum? In einer solchen Situation soll der Mensch nicht mehr denken, er soll sich reflexartig schützen und retten, soll flüchten oder kämpfen, um zu überleben.

Das kommt Ihnen etwas weit hergeholt vor? Keineswegs, denn genau das passiert in unterschiedlichen Abstufungen auch bei Höhenangst und Angst vor dem Fallen (siehe Tabelle Seite 20). Also immer dann, wenn das Gehirn etwas als zu steil, zu hoch, zu tief, zu ausgesetzt, zu wenig sicher oder zu blamabel einstuft. Außerdem reagiert der Organismus auch, wenn die vermeintliche Bedrohung nur in Gedanken besteht. Es genügt also bereits, sich eine beängstigende Situation vorzustellen (oder im Fernsehen anzusehen), um mehr oder weniger starke physiologische Reaktionen auszulösen. Ab wann eine Situation als bedrohlich eingestuft wird, ist bei jedem Menschen unterschiedlich. Die einen fiebern der Bergtour oder dem Aufstieg entgegen und wachsen unter hohen Anforderungen erst so richtig über sich hinaus. Andere reagieren unter unbekannten oder in der Vergangenheit als bedrohlich abgespeicherten Herausforderungen schneller mit Stress und Angst und den entsprechenden Blockaden.

Angst! Der Kopf wird zwischen die Schultern eingezogen. Bauchdecke und die Muskulatur der Arme und Beine verkrampfen. Blick und Gehör fokussieren das Bedrohliche.

Abstufungen von Angst

Subjektive Körperliche Reaktionen	Mögliche Folgen	Empfindung
Keine Bedrohung: »Das kann ich!« »Das will ich!« »Genusstouren«	• Körper- und Gehirnfunktionen sind normal	• Leistungsfähigkeit gut bis sehr gut • Koordination, Kraft- und Ausdauerleistung entsprechen dem Trainingsstand • Bewusstes Risikomanagement ist möglich
Als leicht eingestufte Bedrohung: »Ich bin nicht so sicher, ob ich das kann!« »Das sieht schwierig aus.« »Es könnte ja sein, dass auf dem Weg noch dies oder das auf mich zukommt.«	• Atemrhythmus ändert sich • Leicht verzögerte Bewegungsausführung • Innere und äußere Haltung zögerlich, zweifelnd, gehemmt	• Leistungsfähigkeit ausreichend • Leichte Einschränkung des Bewegungsflusses. Dadurch kann es bereits zu einer Veränderung der Tritt- oder Griffsicherheit kommen. • Reaktionen spielen sich entweder stärker im emotionalen oder im rationalen Bereich ab. • Bewusstes Risikomanagement ist eingeschränkt möglich.
Als hoch eingestufte Bedrohung: »Ich kann das nicht!« »Das ist zu schwer!« »Beim letzten Mal ist dies und das passiert!« »Ich wäre jetzt lieber woanders.«	• Der Atemrhythmus verändert sich, die Atmung stockt oder wird sehr schnell. • Starke Verkrampfung der Muskulatur, vor allem im Nacken- und Rumpfbereich und in den Beinen • Der Blick wird starr und richtet sich auf die Bedrohung. (»Es zieht mich in die Tiefe.«) • Hör- und Tastvermögen werden eingeschränkt. • Das Denkvermögen wird eingeschränkt.	• Verminderte Sauerstoffversorgung von Muskulatur und Gehirn • Über- oder Unterfokussierung auf die Gefahr • Koordinations- und Reaktionsfähigkeit stark eingeschränkt • Mittlere oder starke Blockade bis hin zur nahezu kompletten Einschränkung von Bewegungs- und Reaktionsmöglichkeiten • Es kann zu schweren Fehlern, Missgeschicken oder Stürzen kommen. • Bewusstes Risikomanagement ist kaum mehr möglich.

Atmung

Wenn das Gehirn eine Situation als bedrohlich einschätzt, verändert sich der Atemrhythmus. Denken Sie an etwas, das Ihnen Angst macht, zum Beispiel über einen Grat von einem Gipfel zum nächsten zu gehen oder auf einem hohen Turm zu stehen und in die Tiefe zu blicken. Vermutlich spüren Sie alleine schon beim Gedanken daran eine Veränderung Ihres Atemrhythmus. Wie bereits beschrieben, fangen manche Menschen dann an zu hyperventilieren. Den meisten Menschen aber stockt erst einmal einfach nur der Atem oder sie halten die Luft an. Wissen Sie, was geschieht, wenn Mus-

Muskelspannung

Manchmal genügt schon das Ansehen eines Bildes, um den Atem stocken zu lassen.

Wenn das Gehirn eine Situation als bedrohlich einschätzt, verändert sich die Muskelspannung. Wenn da wirklich ein Säbelzahntiger wäre, dann sollen Sie bitteschön kämpfen oder flüchten, aber nicht mit hoher Trittsicherheit ein Schotterkar hinunterlaufen oder Ihre Ski elegant in perfekten Spitzkehren umsetzen. Kurzum: Ist die Muskulatur aufgrund einer bedrohlichen Situation erst einmal verkrampft, leiden Koordination, Kraft und Beweglichkeit. Das, was Sie befürchtet haben, nämlich, dass Sie die erforderliche Leistung nicht bringen können, bewahrheitet sich in diesem Moment der Angst tatsächlich. Um sich deutlich zu machen, welche Auswirkungen in Ihren persönlichen Grenzsituationen zu erwarten sind, können Sie zwei kleine Experimente machen:

Stellen Sie sich seitlich neben eine Wand. Strecken Sie sich nach oben und versuchen Sie, mit einer Hand so hoch wie möglich an die Wand zu fassen. Merken Sie sich den Punkt Ihrer größtmöglichen Reichweite. Nun nehmen Sie, ohne Ihren Standplatz zu verändern, eine verängstigte Körperhaltung ein. Beobachten Sie, was sich an Ihrer Körperhaltung verändert. Vermutlich ziehen Sie Ihren Kopf zwischen die Schultern und Ihr Becken schiebt sich nach hinten.

Versuchen Sie nun in dieser ängstlichen Haltung, wie eben mit Ihrer Hand an der Wand entlang so weit wie möglich nach oben zu fassen. Der höchste Punkt, den Sie nun erreichen, wird etwas unter dem im ersten Versuch erreichten liegen.

kulatur und Gehirn aufgrund einer über einen gewissen Zeitraum hinweg eingeschränkten Atemtätigkeit – da genügen schon ein bis zwei Minuten – weniger Sauerstoff zugeführt bekommen? Richtig: Konzentration, Muskelleistung, Kontraktionsfähigkeit der Muskulatur und Koordinationsvermögen nehmen ab. Und damit auch die Chance, Ihr Können wie gewohnt umzusetzen, Ihre Tritte sicher zu setzen oder Ihr Risiko bewusst und vernünftig einzuschätzen.

Suchen Sie sich für diese Übung eine kleine Böschung draußen im Freien.

Stellen Sie sich aufrecht auf ebenen Untergrund und nehmen Sie eine entspannte, gerade Körperhaltung ein. Die Füße stehen in Schulterbreite parallel nebeneinander. Beginnen Sie absichtlich zu schwanken und spüren Sie, wie fest und sicher Sie stehen.

Stellen Sie sich nun in derselben Haltung – also entspannt, aufrecht und die Füße etwa schulterbreit parallel nebeneinander – auf die kleine Böschung. Schwanken Sie erneut und spüren auch diesmal, wie fest und sicher Sie stehen (siehe Abbildung a). Machen Sie in dieser Haltung einige Schritte bergauf (siehe Abbildung b) und wieder bergab (siehe Abbildung c) und versuchen Sie dabei, Ihre Tritte fest und sicher zu setzen.

Abbildung a: aufrechtes und entspanntes Stehen

Abbildung b: feste, sichere Tritte bergauf

Abbildung c: feste, sichere Tritte bergab

Nehmen Sie nun eine verängstige Körperhaltung ein. Stellen Sie sich zudem vor, Sie tragen einen vollgepackten Rucksack auf dem Rücken. Beginnen Sie damit, zu schwanken und spüren Sie, was sich im Vergleich zu den ersten beiden Übungen verändert. Nun versuchen Sie in dieser Körperhaltung – mit dem imaginären vollgepackten Rucksack auf dem Rücken – einige Schritte bergauf (Abbildung d) und bergab (Abbildung e) zu gehen. Spüren Sie, was sich verändert.

Abbildung d: unsicheres Gehen bergauf, der Oberkörper neigt sich zu stark nach vorne

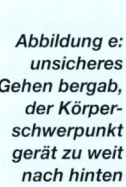

Abbildung e: unsicheres Gehen bergab, der Körperschwerpunkt gerät zu weit nach hinten

Wechseln Sie nun – während Sie bergauf und bergab gehen – einige Male zwischen der entspannten (Abbildungen a, b und c) und der verängstigten Körperhaltung (Abbildungen d und e) hin und her und spüren Sie den Unterschied bei Ihrer Trittsicherheit **(Karte 6)**.

Durch diese Übungen lassen sich drei Auswirkungen einer ängstlichen Körperhaltung erkennen:

1. Reichweite und Dehnfähigkeit von Armen und Beinen verringern sich.
2. Der Körperschwerpunkt verlagert sich nach hinten.
3. Die Druckbelastung auf die Füße verändert sich und führt zu Unterschieden bei der Trittsicherheit.

Bei folgenden Aktivitäten kann sich dies folgendermaßen auswirken:

Bergwandern in ansteigendem Gelände

Entspannte Körperhaltung beim Gehen, dem Gelände angepasst und aufrecht. Der Körperschwerpunkt verlagert sich jeweils

Entspannte Körperhaltung beim Bergaufgehen

über den belasteten Fuß und unterstützt so die optimale Belastung auf den Fuß.

Durch die ängstliche Haltung verschiebt sich der Körperschwerpunkt nach hinten, der Oberkörper neigt sich nach vorne. Die Belastung auf den Fuß verändert sich, die Tritte werden unsicher, die Füße drohen abzurutschen. Das Gewicht des Rucksacks kann die falsche Belastung auf die Füße zusätzlich verstärken.

Bergwandern bergab

Durch die ängstliche Körperhaltung verschiebt sich der Körperschwerpunkt über dem belasteten Fuß stärker in Richtung Ferse. Die Tritte werden unsicher, der Fuß rutscht schneller weg als bei korrekter Belastung.

Ängstliche, starre Körperhaltung beim Gehen

Die Druckverteilung der Schuhe auf den Untergrund verschiebt sich nach hinten, die Rutschgefahr nimmt zu.

Vorname

Nachname

Straße

PLZ, Ort

Email-Anschrift (☐ Ja, ich möchte per E-mail über
Neuerscheinungen informiert werden)

Bitte schicken Sie mir **gratis** Ihren Prospekt mit
allen lieferbaren Titeln zum Thema:

☐ **Personenwagen /**
Nutzfahrzeuge
☐ **Motorrad**
☐ **Eisenbahn /**
Modelleisenbahn
☐ **Luftfahrt /**
Raumfahrt
☐ **Militärgeschichte /**
Waffen
☐ **Aktive Freizeit**

☐ **Pferde / Hunde**
☐ **Katzen**
☐ **Jagd / Angeln**
☐ **Typenkompass**
Personenwagen /
Nutzfahrzeuge /
Motorrad /
Luftfahrt /
Zeitgeschichte /
Maritim / Eisenbahn

Antwortkarte

Paul Pietsch Verlage
Hauptstätter Straße 149
70178 Stuttgart

Lieber Leser,

vielen Dank für Ihre Antwort.
Nur durch Ihre Anregungen und Ihre
Kritik können wir uns ständig verbessern.
Bitte schreiben Sie uns doch auf dieser
Antwortkarte, wie Ihnen das Buch gefallen hat.

Autor und Titel des Buches:

Meine Meinung zu diesem Buch:

☐ sehr gut ☐ gut ☐ weniger gut ☐ nicht so gut

Kommentar:

Klettern

Bei ängstlichen und unerfahrenen Kletterern kann man gelegentlich beobachten, wie sich der Körperschwerpunkt von der Wand entfernt. Sie kippen also mit der Hüfte nach hinten, anstatt diese nahe der Wand zu belassen. Sie blicken zudem häufig nach unten, also dahin, wo ihre Angst begründet ist, anstatt dahin, wo es hingehen soll.

Spaß beim Klettern: Der Körperschwerpunkt bleibt nahe an der Wand, sie blickt dahin, wo es hin gehen soll, und sie lächelt!

Abbildung a: Sitzposition bei Unsicherheit oder Angst: Die Arme sind gestreckt, die Knie werden näher zueinandergebracht.

Abbildung b: Auflösen der Sitzposition mit der Absicht, im Notfall absteigen zu können, dabei gerät der Körperschwerpunkt zu weit nach vorne.

Abbildung c: Optimale Sitzposition: entspannt, aber leistungsbereit

Mountainbike

Bei Angst richtet sich der Oberkörper auf und nach hinten. Dabei versteifen sich die Arme. Gleichzeitig werden die Knie näher zueinander gebracht (Abbildung a).

Oder der Fahrer macht sich zum Absteigen bereit, dabei gerät der Körperschwerpunkt zu weit nach vorne (Abbildung b). In beiden Fällen reagiert das Bike anders als auf Bewegungsimpulse in entspannter, aber leistungsbereiter Haltung (Abbildung c).

Skitourengehen oder Skifahren

Bei einer optimalen Körperhaltung liegt der Körperschwerpunkt über dem Druckmittelpunkt des Skis. Die Kante greift besser, Kurven lassen sich gut einleiten und steuern. Der grüne Pfeil verdeutlicht, wo sich der Körperschwerpunkt befinden müsste, um über dem Druckmittelpunkt des Skis zu liegen. Durch die ängstliche Haltung wandert der Druckmittelpunkt über dem Ski nach hinten, folglich verändern sich Kurvenverhalten und Reaktion des Skis. Die Kanten im vorderen Bereich der Ski greifen weniger.

Sinne

Wenn das Gehirn eine Situation als bedrohlich einschätzt, verändern sich die Sinnesfunktionen. Wenn da wirklich ein Säbelzahntiger wäre, wo sollten Sie dann im Idealfall hinschauen und hinhören? Dahin, wo die Gefahr ist. Also richten sich Ihre Sinne gebannt auf das, was Ihnen Angst macht. Der Blick wird starr. Sie hören

Der rote Pfeil verdeutlicht, wie weit der Körperschwerpunkt hinter dem optimalen Druckmittelpunkt liegt.

schlechter oder gar nicht mehr, was Ihnen andere an Tipps und Hinweisen zurufen. Das Tastvermögen lässt Sie ebenfalls im Stich. Kurzum, Sie sind auf allen Ebenen blockiert und zwar, um sich in Sicherheit zu bringen oder das Bedrohliche zu bekämpfen. Im Prinzip eine wunderbare und dankenswerte Einrichtung, aber oft hinderlich und lästig.

Vereinfacht beschrieben spielt sich im Gehirn dabei Folgendes ab: Ihr ganzes Wissen, also auch Ihr bisher erlerntes Bewegungsrepertoire, ist in verschiedenen Arealen ihres Gehirns gespeichert. Wahrnehmungen der Sinnesorgane, wie beispielsweise über den Tastsinn aufgenommene Informationen über die Geländebeschaffenheit vor Ihnen, werden über die Nervenleitbahnen im Rückenmark zum Gehirn übertragen. Im Gehirn werden diese Wahrnehmungen (Reize) dann entsprechend verarbeitet. Daraufhin werden vom

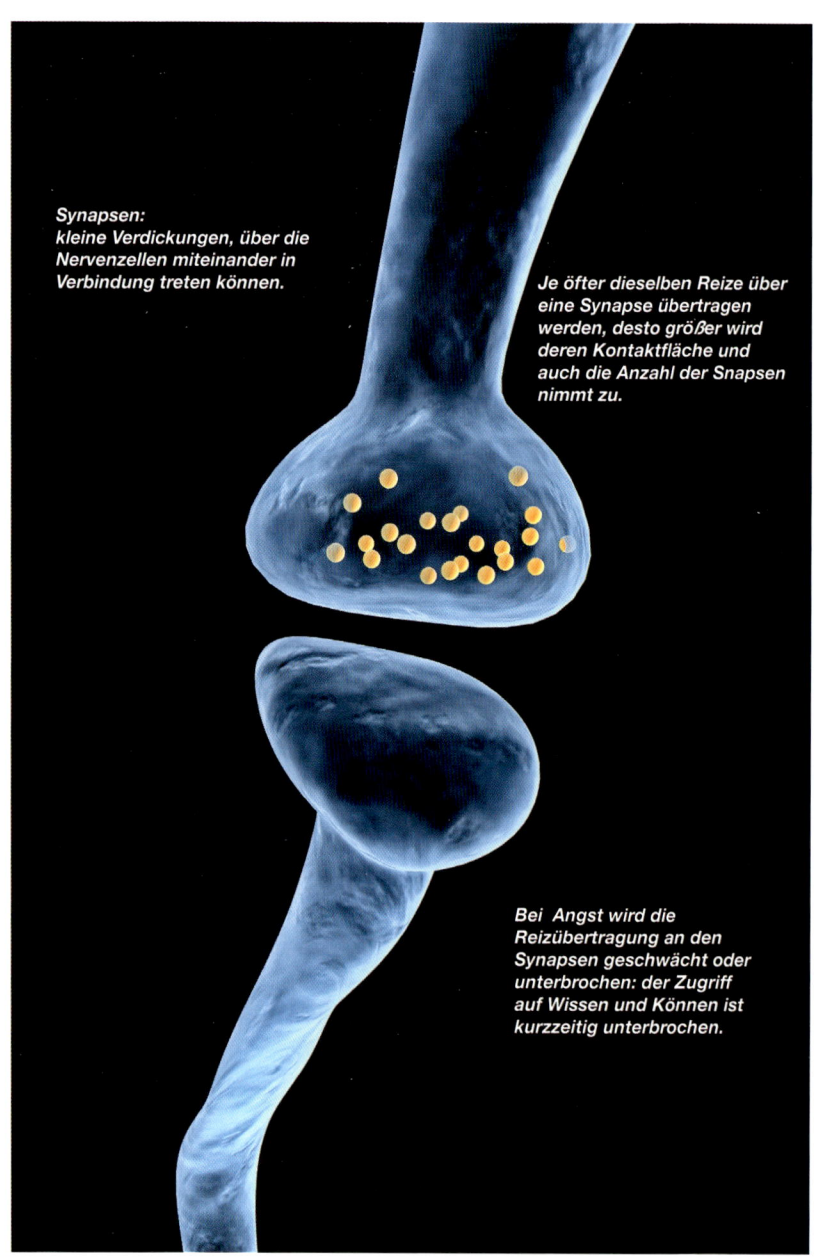

Synapsen:
kleine Verdickungen, über die
Nervenzellen miteinander in
Verbindung treten können.

Je öfter dieselben Reize über
eine Synapse übertragen
werden, desto größer wird
deren Kontaktfläche und
auch die Anzahl der Snapsen
nimmt zu.

Bei Angst wird die
Reizübertragung an den
Synapsen geschwächt oder
unterbrochen: der Zugriff
auf Wissen und Können ist
kurzzeitig unterbrochen.

Gehirn über die Nervenleitbahnen im Rückenmark entsprechende Impulse zurück an die beteiligte Muskulatur gesandt. So kann Ihr Körper auf die vor Ihnen liegende Strecke reagieren. Die Reizweiterleitung im Gehirn verläuft mithilfe winziger elektrischer Impulse über die Synapsen, das sind kleine Verdickungen am Ende jeder Nervenfaser (siehe Zeichnung).

Wenn sich der Organismus nun bedroht fühlt, wird durch verschiedene Hormone und Neurotransmitter die Reizübertragung an den Synapsen eingeschränkt oder unterbrochen. Aus Prüfungssituationen kennen Sie womöglich sogenannte »Blackouts«, in denen genau das passiert. Plötzlich können Sie sich nicht mehr an das erinnern, was Sie schon wussten oder konnten, weil in Ihrem Gehirn – vermutlich wegen Ihrer Angst, eine schlechte Note zu bekommen – die Reizweiterleitung an den Synapsen eingeschränkt ist. Auch Bewegungen können in solchen Momenten nicht mehr optimal ausgeführt werden. Es kommt zu technischen Fehlern, unsauberen Bewegungsausführungen, Trittunsicherheiten und Stürzen.

»Warum«, werden Sie nun fragen, »können sich dann manche Menschen ohne Probleme in der Höhe bewegen?« Kletterer, Menschen auf einem Gerüst, Bergsteiger oder der Fenster- und Fassadenputztrupp bei der Arbeit im 33. Stockwerk? Vermutlich weil sich der Körper dieser Menschen mit der Zeit an die Herausforderungen durch die Höhe gewöhnt hat und sie gelernt haben, die aufkeimende Angst durch bestimmte körperliche Maßnahmen bewusst oder unbewusst zu regulieren. Und genau hier setzt der Umgang mit der Höhenangst an: Indem Sie lernen, Ihre aufkeimende Angst rechtzeitig zu bemerken und bewusst zu regulieren. Wie Sie das schaffen können, erfahren Sie im nächsten Kapitel.

2 In kleinen Schritten auf zum Gipfel

Techniken und Strategien für den Umgang mit Höhenangst und Höhenschwindel

Da stehen Sie nun. Entschlossen, sich Ihrer Angst zu stellen und in Zukunft einen konstruktiven Umgang mit ihr zu pflegen. In diesem Kapitel werden Sie dazu zahlreiche Erklärungen, Hintergründe, Tipps, Techniken und Übungen finden. Seien Sie sich bitte im Klaren darüber, dass nicht jeder Tipp und nicht jede Technik für Sie persönlich geeignet sein muss. Erfolg und Wirkung einiger Techniken werden Sie beim Ausprobieren sofort spüren, andere wiederum werden Sie länger üben müssen und einige von vornehrein ablehnen. Das ist völlig in Ordnung, denn jeder Mensch und jede Angst sind anders, individuell und persönlich.

Wenn Sie Gelegenheit haben, die vorgestellten Techniken und Methoden auszuprobieren, bevor Sie zu Ihrer nächsten Bergtour oder Wanderung starten, sollten Sie das unbedingt tun. Sonst kann es nämlich sein, dass Sie sich, wenn die Angst das nächste Mal aufkommt, an keinen einzigen Tipp mehr erinnern. Wenn Sie üben, dann bleiben Sie bei den ersten Versuchen bitte unbedingt im Rahmen Ihres Wohlfühlbereichs. Viele Kursteilnehmer meiner Höhenangstkurse sind sehr ungeduldig und würden eine neue Technik am liebsten gleich auf dem Jubiläumsgrat von der Zugspitze zur Alpspitze ausprobieren, weil das ja schließlich die Art von Gelände ist, die ihnen am meisten zu schaffen macht.

Davon rate ich dringend ab. Wenn Sie lernen möchten, mit Ihrer Angst umzugehen, dann müssen Sie zuerst die Techniken kennen und üben, bevor Sie diese »in echt« anwenden. In Stress- und Angstsituationen greift das Gehirn vorzugsweise auf bereits länger bestehende Handlungs-, Bewegungs- und Reaktionsmuster zurück. Und wenn Sie die neuen Handlungs- und Reaktionsmuster im Umgang mit Ihrer Angst nicht vorher bereits erfolgreich geübt und gefestigt haben, werden Sie damit »im Ernstfall« keinen Erfolg haben. Lassen Sie sich auch keinesfalls dazu verleiten, Ihre unter einfachen Bedingungen durchgeführten Übungen im Nachhinein als »ungültig, da nicht wirklich bedrohlich« abzuwerten. Deswegen: in kleinen Schritten auf zum Gipfel!

Die vier wichtigsten Schlüssel zur Nervositäts- und Angstkontrolle

Wenn Sie zu Ihrer nächsten Tour aufbrechen – ganz egal ob zu einer Wanderung, auf eine Skitour oder auf den nächsten Kirchturm – sollten Sie auf alle Fälle die vier wichtigsten Schlüssel zur Nervositäts- und Angstkontrolle einpacken:

1. eine tiefe, bewusste Atmung **(Karte 2)**
2. eine entspannte, aber leistungsbereite Muskulatur **(Karte 4)**
3. die bewusste Steuerung ihrer Sinne, Gedanken und Aufmerksamkeit **(Karte 2-6)**
4. das Wissen über bestimmte körperliche und mentale Zusammenhänge.

Eine tiefe, bewusste Atmung

Wie bereits im ersten Kapitel beschrieben spielt bei Angst die Atmung eine zentrale Rolle. Die Veränderung des Atemrhythmus bei Nervosität, Stress, Zögern, Unsicherheit und Angst ist ein Reflex, der sich nicht einfach willentlich abstellen lässt. Trainieren Sie also Ihre Atmung ganz bewusst. Damit sie auch dann, wenn es »ernst wird«, ihre Aufgabe optimal erledigen kann und Ihre Zellen mit dem für ihre Leistungsfähigkeit unentbehrlichen Sauerstoff versorgt werden.

Was sich hier so einfach anhört, will trainiert werden. Dafür ist Ihre Atmung später in der Praxis wohl das effektivste Mittel, Ihr Nervositäts-, Stress- und Angstniveau zu regulieren. Sie können sie dazu einsetzen,

Auch wenn Ihr persönlicher Grenzbereich am Jubiläumsgrat liegt: Den Umgang mit der Angst sollten Sie unbedingt zuerst in einfachem Gelände üben.

sich zu beruhigen. In diesem Fall atmen Sie bewusst tief und langsam ein und aus. Oder Sie setzen Ihre Atmung ein, um sich angesichts einer besonderen Herausforderung zu aktivieren. Dann atmen Sie in regelmäßigen Atemzügen kräftiger und noch tiefer ein und aus, so als wollten Sie mit dem Sauerstoff gleichzeitig Energie für die vor Ihnen liegende Aufgabe tanken.

Setzen Sie diese einfache, aber sehr wirksame Technik des bewussten Atmens stets rechtzeitig genug ein, also schon bevor »es ernst wird«. Indem Sie bereits im Vorfeld einer möglicherweise Angst auslösenden Situation tief und bewusst atmen, wird Ihre Angst nicht so schnell und so stark zunehmen, wie Sie es vielleicht gewohnt sind oder befürchten. Es ist möglich, Ihr Angstniveau durch die Atmung zu kontrollieren und den Verlauf von Angst auf diese Art und Weise zu beeinflussen. Die Angst wird deswegen nicht gleich ganz verschwinden, aber sie wird tolerierbar. Anfangs ist der Zeitraum, in dem Sie die Angst durch bewusste, tiefe und regelmäßige Atemzüge noch tolerieren können, kurz. Bleiben Sie dabei, üben Sie konsequent weiter, dann werden Sie feststellen, dass die Zeitspannen länger werden und Ihr Körper nicht mehr ganz so heftig und schnell mit Angst reagiert.

Atemtechniken und -übungen
Das Pferdchen (Karte 2)
Stoßen Sie die Luft beim Ausatmen durch die leicht zusammengepressten Lippen aus und stellen Sie sich dabei vor, wie ein Pferdchen zu schnauben. Wiederholen Sie diese Art der Ausatmung mehrere Male hintereinander, eventuell so lange, bis die Schlüsselstelle überwunden ist.

Auswirkung: Zum einen lenken Sie Ihre Aufmerksamkeit auf Ihre Atmung, zum anderen wird ein Teil der Gesichtsmuskulatur gelockert, was sich bei entsprechend langer Anwendung lockernd auf weitere Muskelgruppen auswirkt.

Der wilde Bulle (Karte 2)
Stellen Sie sich einen wilden Bullen vor, der gerade kurz davor ist, eine Herausforderung auf die Hörner zu nehmen. Den Kopf gesenkt, die Atmung hörbar kräftig, voller Angriffslust und Entschlossenheit.

Auswirkung: Die tiefe, kräftige Atmung und die Visualisierung eines Sinnbilds von Angriffslust können Sie bei der Aktivierung ihrer Reserven unterstützen. Immer vorausgesetzt, Sie haben das technische und taktische Potenzial, diese Herausforderung auch zu bestehen.

Atmen im Bewegungsfluss (Karte 2)
Beobachten Sie beim Gehen, Steigen oder Klettern Ihre Atmung. Bewegen Sie sich im Atemrhythmus oder atmen Sie im Bewegungsrhythmus? Experimentieren Sie eine Weile lang mit Beobachtungen dieser Art.

Auswirkung: Während Sie Ihre Aufmerksamkeit auf Ihre Atmung und Ihre Bewegungen lenken, können Sie kaum andere, störende Gedanken denken, die Sie blockieren könnten.

Singen (Karte 2)

Lachen Sie nicht: Singen ist eines der natürlichsten Mittel der Angstkontrolle. Warum sonst hätten Sie wohl als Kind gesungen, wenn Sie etwas aus dem Keller holen sollten?

Auswirkung: Wer singt, atmet. Und wer atmet, ist weniger blockiert. Falls Sie es als unpassend empfinden, laut singend durch die Bergwelt zu spazieren, dann können Sie auch pfeifen.

Umgang mit Hyperventilation

Bereits im ersten Kapitel haben Sie etwas über die Entstehung und die Auswirkungen der Hyperventilation erfahren (siehe Seite 17). Bei der Hyperventilation atmet der Betroffene zwei bis fünf Mal schneller als üblich, dabei kommt es zu einer verstärkten Abatmung von Kohlendioxid. Als Gegenmaßnahme muss der Gehalt an Kohlendioxid im Blutspiegel wieder angehoben und stabilisiert werden. Eine Möglichkeit, die Kohlendioxidmenge im Blutspiegel zu erhöhen, ist das Ein- und Ausatmen in eine Plastik- oder Papiertüte. Ein großer Teil der Luft, die Sie ausatmen, besteht aus Kohlendioxid. Indem Sie Ihre verbrauchte Luft wieder einatmen, kann die Kohlendioxidmenge in den Lungen erhöht werden. Atmen Sie also zehn Atemzüge lang in eine Plastik- oder Papiertüte. Danach setzen Sie die Tüte ab und atmen anschließend bewusst langsam tief ein und aus. Der Einsatz der Tüte kann dann bei Bedarf nach zwei bis drei Minuten wiederholt werden.

Auch wenn der Einsatz einer Plastik- oder Papiertüte ein schnell wirkendes Mittel bei Hyperventilation ist: Weitere Anfälle lassen sich dadurch nicht verhindern. Es ist also ratsam, sich über einen längeren Zeitraum behutsam an Angst auslösende Situationen zu gewöhnen und wirksame Atemtechniken zur Stress- und Angstregulation zu erlernen, damit es künftig gar nicht erst bis zur Hyperventilation kommt.

Eine entspannte, aber leistungsbereite Muskulatur

Genauso wie die Atmung reagieren Muskulatur und Körperhaltung blitzartig und unmittelbar auf die Wahrnehmung einer Bedrohung: Der Kopf wird zum Schutz der empfindlichen Halsschlagader zwischen die Schultern eingezogen. Die Bauchdecke und die Muskulatur der Arme und Beine spannen sich an. Die Knie werden gebeugt, der Körperschwerpunkt senkt sich ab. Eine stark angespannte oder gar verkrampfte Muskulatur kann Bewegungsabläufe nicht mehr optimal ausführen, es kommt zu technischen Fehlern, Schritt- oder Grifffehlern und Stolpern. Bewegungen, die mit einer zu hohen Muskelspannung ausgeführt werden, sind zudem Kraft raubender und führen schneller zu Müdigkeit oder Erschöpfung.

Ebenso können Kälte, Angst, Schmerzen oder Erschöpfung dafür sorgen, dass sich Ihre Muskulatur verkrampft oder erschlafft und Bewegungen nicht mehr ideal ausgeführt werden. Wenn Sie Anzeichen von Müdigkeit, egal ob physisch oder psychisch, spüren und nicht entsprechend reagieren, führt dies zu einer eingeschränkten Leistungsfähigkeit und kann das Auftreten von Angst mit den daraus resultierenden Blockaden verstärken.

Üben Sie also, sich Ihrer Muskelspannung und Ihrer Körperhaltung bewusst zu werden und diese zu regulieren. Achten Sie darauf, welche Ihrer Muskelpartien eventuell zu stark verspannt sind, und darauf, wie Sie gehen und stehen. Allerdings ist ein gut ausgebildetes Körperbewusstsein nicht automatisch allen Menschen gegeben, und vor allem unter den gesteigerten Herausforderungen bei einer Bergtour oder in unwegsamem Gelände tut man sich schwer, auch noch auf seine Muskelspannung zu achten. Für diesen Fall können Sie – ganz konkret und praktisch – die Kärtchen zur Technik »So tun, als ob« einpacken. Die meisten meiner bisherigen Kursteilnehmer haben stets ein oder zwei Kärtchen mit auf Tour und setzen diese häufig auch in anderen Lebensbereichen ein.

Äußere Haltung – innere Haltung: »So tun, als ob« (Karte 4)

Mit der Technik »So tun, als ob« können Sie Ihre Stimmungen und Ihre innere Haltung bis zu einem gewissen Grad über Ihre Muskelspannung beeinflussen. Gefühle machen Körperhaltungen. Wenn Sie müde und erschöpft sind, stehen oder gehen Sie anders, als wenn Sie sich munter, konzentriert oder selbstbewusst fühlen. Andersherum können Körperhaltungen Gefühle beeinflussen. Diese enge Verbindung zwischen Gefühlen und Körper lässt sich bewusst dazu einsetzen, um näher an jene inneren Haltungen zu kommen, die Sie bei Ihrem Vorhaben unterstützen. Wenn Sie beispielsweise die Überquerung einer Brücke mutig und selbstsicher angehen möchten, dann stellen Sie sich vor dem Losgehen genau so hin: mutig und selbstsicher. Wenn Sie angesichts eines steil abfallenden Hanges neben sich gelassen und konzentriert bleiben möchten, dann nehmen Sie von Anfang an genau die entsprechende äußere Haltung ein und gehen

Kärtchenübung

Um die Wirkung dieser Technik zu erleben, können Sie diese Übung machen: Kopieren Sie die Vorlage auf Seite 126 und schneiden Sie entlang den Markierungen acht Kärtchen aus. Nehmen Sie die Kärtchen auf ihre nächste Tour mit und ziehen Sie vor jeder auch noch so kleinen Herausforderung eine Karte. Nehmen Sie vor dem Losgehen die äußere Haltung ein, die auf dem Kärtchen beschrieben ist. Die vier bis fünf Begriffe auf jeder Karte beschreiben jeweils eine bestimmte innere Haltung. Sollten Sie ein Kärtchen ziehen, das Ihnen im Moment gar nicht zusagt, legen Sie es zur Seite und ziehen ein anderes. Achten Sie darauf, welche äußeren und inneren Haltungen Ihr Vorhaben unterstützen und welche keine besonderen Auswirkungen haben.

spielerisch kreativ experimentieren ausprobieren	optimistisch zuversichtlich positiv gestimmt neugierig, wie es wird	angriffslustig energiegeladen willensstark »Ich freue mich darauf!«	konzentriert, (aber gelassen) fokussiert (Blick) zielgerichtet
mutig voller Selbstvertrauen (aber nicht leichtsinnig)	mit Leichtigkeit gelassen locker, entspannt unbeschwert	selbstsicher zuversichtlich aufrecht, gerade selbstbewusst	ästhetisch schön elegant fließende Bewegungen

Kärtchenübung (siehe Seite 126)

dann auch in dieser Haltung. Aber Vorsicht: Alleine dadurch, dass Sie eine bestimmte Körperhaltung einnehmen, wird sich nicht alles schlagartig verändern. Dennoch hat »So tun, als ob« bei vielen Menschen einen wohltuenden und unterstützenden Effekt. Zum einen wegen der tatsächlich bestehenden Verbindung zwischen Gefühlen und Körper(-haltung). Zum anderen, weil Sie, während Sie sich daran erinnern, eine bestimmte Körperhaltung einzunehmen, weniger an das denken können, was Ihnen in diesem Moment nicht gut tut.

Lachen! Die Korkenübung (Karte 4)

Diese Übung wird Sie schon beim Lesen zum Schmunzeln bringen. Es mag anfangs ein spöttisches Lächeln sein, aber sie wird auch Sie letztlich zur Nachahmung inspirieren, einfach weil sie so lustig ist. Die Korkenübung kommt aus dem Lachyoga und basiert darauf, dass beim Lachen ein bestimmtes Areal im Gehirn aktiviert wird. Von dort aus werden die entsprechenden Reize an die beteiligte Gesichtsmuskulatur gesandt und im Gesicht entsteht die für alle Menschen auf der Welt gleiche Mimik des Lachens. Doch diese Reizweiterleitung ist keine Einbahnstraße: Wenn Sie – auch ohne entsprechenden Anlass – Ihr Gesicht zu einem Lächeln oder Lachen verziehen, wird im Gehirn das für Lachen zuständige Areal aktiviert. Wenn dieses Areal aktiv ist, dann ist Ihnen nach Lachen zumute oder zumindest nach einer gewissen Heiterkeit. Und Lachen – das sagte bereits Immanuel Kant – ist neben dem Schlaf und der Hoffnung das beste Mittel, um jegliche Mühseligkeit zu ertragen.

Weil Ihnen aber in Anbetracht Ihrer aufkeimenden Angst meistens gar nicht nach Lachen zumute ist, können Sie die Korkenübung anwenden. Im Lachyoga wird Ihnen hierfür ein Korken übergeben, den Sie in den Mund nehmen und mit den Zähnen so festhalten sollen, dass Ihre Lippen den Korken nicht berühren. Dabei ziehen Sie Ihre Mundwinkel nach hinten und oben. Damit das gelingen kann, müssen dieselben Muskeln aktiviert werden wie beim Lachen. Ich habe diese Übung etwas abgewandelt: Bei den Angstbewältigungskursen habe ich stets eine große Tüte Bonbons dabei. Vor

Macht Laune: die Korkenübung

merksamkeitssteuerung. Dabei lenken Sie einen Ihrer Sinne oder Ihre Gedanken auf etwas, das Sie in dieser Situation bei ihrem Vorhaben unterstützt.

Aufmerksamkeitssteuerung über die Sinne

Unsere Sinne dienen dazu, Reize und Eindrücke aus unserer Umwelt in unser Gehirn zu melden, um dem Körper die entsprechenden Reaktionen und Anpassungen zu ermöglichen. Der größte Teil aller Reizweiterleitungen geschieht unbewusst, Ihre Sinne sind außerdem um ein Vieltausendfaches schneller als eine bewusste Aufnahme von Informationen aus der Umwelt. Noch während Sie diese Zeilen lesen, ist Ihr Körper unaufhörlich damit beschäftigt, Reize und Informationen aus Ihrer unmittelbaren Umgebung aufzunehmen und zu verarbeiten, um dadurch beispielsweise Ihre Körpertemperatur und Ihren Flüssigkeitshaushalt zu regulieren oder Sie in der Lage zu stabilisieren, in der Sie gerade sitzen, gehen oder liegen. Weil der Körper Reize und Informationen von außen so extrem schnell aufnimmt und verarbeitet, kann die Angst auch oft so plötzlich und unvermittelt auftreten: Ihre Sinnesorgane sind bei der Wahrnehmung und Weiterleitung von äußeren Reizen immer schneller als Ihr Bewusstsein und Ihr Körper hat in seinen Empfindungen und seinen Reaktionen immer recht. Glauben Sie also nicht, Ihr Körper ließe sich durch ein paar nette

der Übung darf sich jeder Teilnehmer ein Bonbon aussuchen, es auspacken und dann auf dieselbe Art in den Mund nehmen wie den Korken. Also so, dass die Lippen das Bonbon nicht berühren. Die ersten Lacher kommen gleich, wenn nämlich die Hälfte der Gruppenmitglieder das Bonbon schon vor dem Losgehen gegessen hat und gerne ein zweites möchte. Wenn dann endlich alle mit ihren Bonbons zwischen den Zähnen loslaufen, dauert es höchstens zwei Minuten, bis die Teilnehmer sich am liebsten kugeln wollen vor Lachen, und selbst die Reserviertesten grinsen noch minutenlang, nachdem das Bonbon offiziell verspeist werden darf.

Die bewusste Steuerung der Sinne, Gedanken und Aufmerksamkeit

Der nächste, wichtige Schlüssel bei der Nervositäts- und Angstkontrolle ist Auf-

Tricks oder geschickt gewählte Autosuggestionen überlisten. Was Sie jedoch tun können, ist, Ihren Körper bei der Aufnahme und Verarbeitung von Sinnesreizen so gut wie möglich zu unterstützen.

»Blick voraus« (Karte 3)

Wenn Sie beispielsweise die Aufmerksamkeitslenkung über den Sehsinn nutzen möchten, können Sie die sogenannte Antizipation mit der dazugehörigen Technik »Blick voraus!« einsetzen. Dabei nutzen Sie die Fähigkeit Ihres Gehirns, durch Vorausschauen die als nächstes erforderlichen Bewegungsmuster vorzubereiten. Sie können folgende Übung machen: Suchen Sie sich im Freien eine etwa 30 bis 50 Meter lange Wegstrecke mit unebenem Untergrund wie Wurzeln, Steinen oder Löchern. Gehen Sie diese Strecke einmal in mittlerem Tempo ab und blicken Sie dabei knapp einen Meter voraus auf den Boden. Nun gehen Sie dieselbe Wegstrecke ein zweites Mal im selben Tempo, richten Ihren Blick aber nun etwa sechs bis acht Meter voraus auf den Boden. Diese Übung können Sie auch beim Biken oder beim Skifahren machen. Weil Sie Ihrem Gehirn durch das Vorausschauen ermöglichen, die vor Ihnen liegende Strecke vorzubereiten, ist zu erwarten, dass Ihre Bewegungen flüssiger und schneller werden. Durch die Drehung des Kopfes in Fahrt- oder Laufrichtung wird zudem die in manchen Sportarten wie beim Mountainbiken oder beim Skifahren erforderliche Drehung des Schultergürtels oder des Rumpfbereichs eingeleitet.

Diese Technik eignet sich für alle Bewegungsarten, die mit mittlerem bis hohem Tempo ausgeübt werden. Beim Klettern oder beim Gehen in sehr schwierigem Gelände lässt sich »Blick voraus!« weniger gut einsetzen. Weil das Tempo hier generell langsamer ist, hat das Gehirn ausreichend Zeit, die entsprechenden Bewegungsmuster auch ohne weitere Vorwegnahme vorzubereiten.

Der Blick geht dahin, wo es hingehen soll …

**»Da hinsehen, wo es hingehen soll!«
(Karte 3)**

Vielleicht kennen Sie auch das aus eige-
ner Erfahrung: Verängstigte Mountainbiker
kapitulieren ausgerechnet an diesem einen
großen Stein dort in der Mitte des Weges.
Unsichere Skifahrer steuern zielgerichtet
den einzigen Baum weit und breit an oder
rutschen hilflos auf die schön aufgereihte
Skischulgruppe zu. Warum? Weil sie in der
Absicht, einen Zusammenstoß mit diesen
Objekten zu vermeiden, genau dorthin blicken.

Folglich ist die Blicklenkung eine weitere,
ganz wichtige Technik im Umgang mit der
(Höhen-)Angst. Je unheimlicher und be-
drohlicher Ihnen das Gelände um Sie herum
vorkommt, umso konzentrierter müssen Sie
Ihren Blick dorthin lenken, wo es hingehen
soll. »Da wo wir hinsehen, da geht es hin!«
ist eine ernstzunehmende Weisheit, die sich
keinesfalls nur im Gebirge bewahrheitet.
Sie gilt genauso für jegliche Einstellungen
und Überzeugungen, die ein Mensch hegen
und pflegen kann. Wenn Sie Ihren Blick
stets auf das richten, was nicht so gut läuft,

…anstatt dorthin, wo die Angst begründet ist.

was hässlich und unschön ist, dann werden Sie genau das auch finden. Nicht anders ist es bei Menschen mit Höhenangst oder der Angst vor dem Fallen: Wenn Sie auf Ihrem Weg zum Gipfel stets in den Abgrund blicken, dann brauchen Sie sich nicht zu wundern, wenn Sie nicht oben ankommen, weil Sie die Tour (vor lauter Angst) vorzeitig abbrechen.

»In die Tiefe gezogen werden«

Menschen mit Höhenangst berichten häufig von Ihrem Eindruck, sie würden in die Tiefe gezogen. Und zitieren mit dem nächsten Atemzug eine fatale pseudopsychologische Erkenntnis: Jeder Mensch würde von einer geheimen Todessehnsucht beherrscht. Dem kann ich ganz und gar nicht zustimmen und ich rate allen Menschen mit oder ohne Höhenangst, diesen Satz ernsthaft aus ihrem Repertoire zu streichen. Wenn ein Mensch mit Höhenangst länger als ein paar Sekunden in die Tiefe blickt, bekommt er Angst. Wenn er seinen Blick dann nicht ganz bewusst von diesem bedrohlichen Anblick weglenkt, wird sich die Angst verstärken. Je mehr die Angst wächst, desto stärker ist er versucht, dahin zu starren, wo die Angst begründet ist. Und weil der Körper sich bei der Vorbereitung der weiteren Fortbewegung an der Blickrichtung orientiert, verstärkt sich der Eindruck, es ginge unweigerlich in Richtung Tiefe. Ein ganz normaler, physiologischer Teufelskreis, der rein gar nichts mit Todessehnsucht zu tun hat.

Beherzigen Sie also in zukünftigen kritischen Situationen auf Tour den einfachen Satz: »Da wo ich hinsehe, da geht es hin« und lenken Sie Ihren Blick ganz bewusst auf den Weg vor Ihnen. Mehr über die Blicklenkung in unterschiedlichen Geländeformen finden Sie im Kapitel 3 auf den Seiten 67 ff.

Angst und Blick beim Biken

Die Antizipation nutzen: Anstatt auf das zu blicken, was Sie ängstigt ...

... sollten Sie lieber schauen, wie es weitergeht.

Aufmerksamkeitssteuerung über Gedanken und Selbstanweisungen

Das kennen die meisten Menschen: störende, blockierende, ablenkende Gedanken; sich Sorgen machen oder darüber nachzudenken, wann was wie alles passieren könnte. Ob es möglich ist, sein Denken einfach abzustellen? Theoretisch ist es das: Menschen, die meditieren, erreichen für kurze Momente einen Zustand, bei dem sie ihre Gedanken zumindest nicht verfolgen müssen. Das allerdings erfordert jahrelange Übung und ist nur für wenige Menschen ein Weg, eine gewisse Gedanken-Disziplin zu erreichen. Anstatt zu versuchen, Ihr Denken »abzustellen«, können Sie »Ihren Gedankensinn besetzen«. Voraussetzung für den Einsatz dieser Technik ist ein vorher bewusst durchgeführtes Risikomanagement. Wenn

Denken Sie nicht an schneebedeckte Berge!

Tagesform, Können und Erfahrung für Ihre geplante Tour nicht ausreichen, verzichten Sie auf die Herausforderung. Nehmen Sie sich die Zeit, mehr Erfahrungen zu sammeln und Ihre Kondition oder Ihre technischen Grundlagen zu verbessern. Erst wenn Ihr Risiko realistisch eingeschätzt ist und sich als tragbar erweist, können Sie durch das Besetzen Ihres Gedankensinns störende Gedanken zumindest schwächen.

Den Gedankensinn besetzen: »Subvokales Training« (Karte 5)

Um diese Technik zu erleben, können Sie folgendes kleines Experiment machen:

a.) Denken Sie jetzt nicht an schneebedeckte Berggipfel vor blauem Himmel. Nicht an schneebedeckte Berggipfel vor blauem Himmel denken!

An was denken Sie? Richtig, an schneebedeckte Berggipfel vor blauem Himmel. Versuchen Sie nun, sich den Gedanken an schneebedeckte Berggipfel vor blauem Himmel zu verbieten. Was geschieht?

b.) Jetzt denken Sie bitte an einen Strauß rote Rosen und sprechen dabei den Begriff »rote Rosen« mehrere Male leise aus. Denken Sie gleichzeitig daran, welche Form und Farbe Ihre Haustür hat, aber bleiben Sie mit Ihren Gedanken bei den roten Rosen!

Und? Ist es Ihnen gelungen, sich gleichzeitig »rote Rosen« vorzusagen und dabei an Ihre Haustür zu denken?

Vermutlich haben Sie eben festgestellt, dass es relativ schwer ist,

a.) sich bestimmte Gedanken verbieten zu wollen und

b.) an zwei Dinge gleichzeitig zu denken.

Genau dieses Prinzip können Sie auch auf einer Tour anwenden, wenn Sie an Dinge denken, die Sie in diesem Moment eher blockieren als unterstützen. Allerdings nicht mit Gedanken an schneebedeckte Berggipfel vor blaumem Himmel, an rote Rosen oder Ihre Haustür, sondern mit einem Gedanken daran, was Sie als nächstes tun sollten, damit Ihr Vorhaben optimal verläuft. Und zwar so formuliert, dass Ihr Kopf und Ihr Körper wissen, was zu tun ist. Wenn Sie diese Technik anwenden, sagen Sie sich stets immer nur einen einzelnen Begriff oder Gedanken vor. Grundsätzlich ist es hilfreicher, sich die Worte leise vorzusagen als nur daran zu denken. Wer spricht (oder singt), der atmet.

Bei den meisten Aktivitäten werden Sie mit der Anweisung »Atmen!« am besten schnelle Erfolge verbuchen können. Denn wie bereits beschrieben führt eine durch Anspannung, Angst oder Stress veränderte Atmung zwangsläufig zu Einbrüchen der Leistungsfähigkeit.

Wenn Menschen in bestimmten Situationen ängstlich oder unsicher werden, reagieren sie entweder mit einer Versteifung der Muskulatur oder ihre Bewegungen werden schneller, fahriger und hektisch. Nicht nur Berggeher neigen dazu, in als bedrohlich empfundenen Situationen schneller zu gehen, als es das Gelände eigentlich zulässt, nur um diese Stelle schneller hinter sich zu bringen. In solchen Situationen kann ein mit einer lang gezogenen Ausatmung begleitetes »Ruuuuhig jetzt!« helfen.

Bei Bewegungsformen, die sich mit Tempo nach vorne bewegen, sei es beim Radfahren, Skifahren, oder beim Laufen in unebenem Gelände empfiehlt sich die Selbstanweisung: »Blick vor! Schau voraus!«

Bei überraschend vielen Bewegungsformen eignet sich die Anweisung »Ästhetisch!

Schön! Elegant!« als Auslöser für flüssigere Bewegungsabläufe, die Ihre Tritt- und Griffsicherheit eher unterstützen als steife und abgehackte Bewegungen.

Beispiele für Gedankensteuerung über Selbstanweisungen

Beim Wandern:

»Blick vor! Schau auf den Weg vor Dir!«
»Schritte bewusst und konzentriert!«

Beim (Sport-)Klettern:

»Schauen! Steigen! Greifen!« (Zuerst schauen – dann steigen – dann greifen)
»Drei Punkte an der Wand!« (Sie haben stets mindestens mit zwei Füßen und einer Hand oder zwei Händen und einem Fuß Kontakt zur Wand.)
»Bewusst und sicher greifen!«
»Steigen! Füße rauf!«

Bei der Abfahrt mit dem Mountainbike:

»Optimale Körperspannung jetzt!«
»Ellenbogen (seitlich raus)!«
»Schau dahin, wo Du hin willst!«

Beim Skifahren:

»Schwingen! Locker!«
»(In der) Mitte über dem Ski (bleiben)!«

»Im Hier und Jetzt« (Karte 5)

In vielen, vorwiegend östlichen Traditionen begegnet einem immer wieder der Begriff »Im Hier und Jetzt«. Sinne, Gedanken und Aufmerksamkeit verweilen bei dem, was in diesem Moment und in den nächsten Augenblicken zu tun ist. Diesen Zustand erreichen Sie bei vielen Aktivitäten in der Natur häufig wie von alleine, wenn Sie sich wohl und nicht überfordert fühlen. Aber gerade in Situationen, die Angst auslösen können, ist das »Sein im Hier und Jetzt« eine gute Methode, Ihr Angst- und Nervositätsniveau zu regulieren. Die Fähigkeit, sich auf das einzustellen, was im Moment ist, kann trainiert werden. Die am besten geeigneten Wege ins »Hier und Jetzt« sind: die Konzentration auf die Atmung, auf die Muskelspannung oder auf einen Ihrer Sinne. Versuchen Sie bei ihrer nächsten Tour, sich ganz bewusst immer wieder in den Moment zurückzuholen. Nehmen Sie Ihre Atmung wahr, den Spannungszustand Ihrer Muskulatur. Nehmen Sie wahr, wie sich der Untergrund beim Gehen anfühlt, wie Ihr Bike oder Ihre Ski reagieren. Und vor allem, was es dort, wo Sie sich gerade befinden, an angenehmen und schönen Dingen zu entdecken gibt.

Konstruktiver, freundlicher Umgang mit sich selbst

Eine weitere, außerordentlich wirksame Gelegenheit, den Einfluss unserer Gedanken auf unser Wohlbefinden festzustellen und zu steuern, ist die Art und Weise, wie wir über uns selber denken und mit uns selbst umgehen. Nach mehr als 30 Jahren Erfahrung als Trainerin bezeichne ich die Fähigkeit, konstruktiv, besonnen und freundlich mit sich selber umzugehen, als die wichtigste Voraussetzung für Wohlbefinden, Leistungsfähigkeit und Zufriedenheit. Wann waren Sie das letzte Mal ausdrücklich zufrieden mit sich und zwar unabhängig von einer äußeren Bestätigung wie einem Kompliment von anderen? Wann waren Sie trotz Ihrer Angst oder Ihren Zweifeln geduldig und zuversichtlich,

dass es beim nächsten Mal oder irgendwann einmal besser klappt? Können Sie sich selbst gegenüber die Nachsicht, das Verständnis und den Trost entgegenbringen, die Sie anderen ohne Zögern zu geben bereit sind?

»Mein bester Freund«

Bevor Sie weiterlesen, empfehle ich Ihnen, sich ein paar Minuten Zeit zu nehmen und folgende Übung zu machen: Nehmen Sie sich ein Blatt Papier und etwas zu schreiben. Stellen Sie sich vor, ein guter Freund oder eine gute Freundin ist niedergeschlagen, verzweifelt, ärgerlich, frustriert und traurig, weil er oder sie durch Ängste, Zweifel, Scham und geringes Selbstvertrauen blockiert ist. Wie würden Sie mit diesem Menschen umgehen, welche Worte und Gesten würden Sie verwenden? Notieren Sie sich, was Sie tun und sagen würden. Lesen Sie erst weiter, wenn Sie sich Ihre Notizen gemacht haben.

Nun vergleichen Sie das, was Sie eben geschrieben haben, mit dem, wie Sie in der Regel mit sich selbst umgehen, wenn Sie von Zweifeln, Ängsten oder von mangelndem Selbstvertrauen geplagt werden.
Sie haben sich vorher notiert, wie Sie bei Blockaden, bei Angst oder in sonstigen frustrierenden Situationen auf andere reagieren würden. Nun haben Sie für künftige »Krisen« einen hilfreichen Spickzettel und können einen wohltuenden, konstruktiven Umgang mit sich selber üben **(Karte 5)**.

So ...	... oder so?
Sie bewerten, verurteilen, beurteilen sich selbst: »Das war ja wieder mal gar nichts! Ich bekomme es einfach nicht hin! Ich glaube, ich bin zu blöd dafür!«	Sie beobachten sachlich und nehmen wahr ohne zu werten: »An dieser Stelle dort habe ich daran gedacht, was passieren könnte, anstatt zu atmen und fest und sicher aufzutreten.«
Sie versuchen ständig, Fehler zu vermeiden (»nicht an schneebedeckte Berge vor blauem Himmel denken!«)	Sie experimentieren, überlegen sich, wie es auch funktionieren könnte, und probieren das aus.
Sie kritisieren und beschimpfen sich selbst.	Sie gehen mit sich selbst so um, wie Sie in dieser Situation mit Ihrem besten Freund oder Ihrer besten Freundin umgehen würden.
Sie ärgern sich lange und ausgiebig über sich selbst oder andere.	Sich ärgern sich kurz. Dann ziehen Sie einen Schlussstrich und fangen frohen Mutes noch mal an. Sie spielen, haben Spaß, freuen sich und bleiben gelassen.

»Mein bester Freund«

Das Wissen über relevante körperliche und mentale Zusammenhänge

Müdigkeit und Erschöpfung können Angst verstärken

Je müder Sie werden, desto schwächer werden Ihre Koordinationsfähigkeit, Konzentrationsfähigkeit und die Kontraktionsfähigkeit Ihrer Muskulatur. Und umso stärker wird das Risiko zu stolpern, zu straucheln und letztlich zu stürzen. Koordinationsfähigkeit, Konzentrationsfähigkeit und die Kontraktionsfähigkeit Ihrer Muskulatur lassen sich wie die Ausdauerfähigkeit, die Kraft und Ihr technisches Können durch regelmäßige Aktivitäten trainieren. Wenn Sie im Laufe eines Bergsommers oder Schneewinters häufig und regelmäßig Touren machen, werden Sie feststellen, das Sie in allen diesen Bereichen leistungsfähiger

werden. Aber gleichgültig, ob mehr oder weniger gut trainiert: Wenn Ihr Körper die Grenzen seiner physiologischen (und technischen!) Leistungsfähigkeit erreicht, steigt Ihr persönliches Risiko. Dadurch alarmiert gibt Ihnen Ihr Körper Signale auf der physiologischen Ebene (wie Müdigkeit oder Schmerzen) oder auf der mentalen Ebene (wie Zögern, Unlust oder Angst). Diese sollen Sie dazu veranlassen, sich auszuruhen und aufzutanken oder – wenn dazu auch noch Ihre technischen Voraussetzungen nicht ausreichen – die Art der Herausforderung an ihr aktuelles Können anzupassen oder das ganze Unternehmen tatsächlich abzubrechen.

Wieder einmal hat Ihr Körper recht und reagiert absolut sinnvoll: Er warnt und blockiert, um sich (also Sie!) zu schützen. Die Entscheidung über den Umgang mit diesen Signalen liegt bei Ihnen: Sie können

Gönnen Sie sich genügend Pausen!

sie immer wieder ignorieren. Dann werden Ihre Blockaden zunehmen und Sie werden Ihre Aktivitäten früher oder später frustriert und enttäuscht einstellen. Oder Sie bereiten sich langfristig konditionell und technisch besser auf Ihre Herausforderungen vor, machen ausreichend Pausen und versorgen Ihren Körper mit den Stoffen, die er braucht, um Leistungen zu erbringen.

Bei meinen Höhenangst- und Mountainbikekursen, aber auch bei Trainingslagerbegleitungen in verschiedenen Sportarten, achte ich sehr darauf, in regelmäßigen Abständen – bei Erwachsenen etwa stündlich – eine Pause einzulegen, in der ausgeruht und eine Kleinigkeit gegessen und getrunken wird. Am Ende des Aufstiegs oder nach Bewältigung des Tagespensums berichten die meisten Teilnehmer, dass sie heute gar nicht so erschöpft und müde am Tagesziel angekommen sind wie sonst. Und stellen fest, dass sie bisher viel seltener Pausen eingelegt haben, nicht zuletzt deshalb, weil ihnen nach der Pause das erneute Starten manchmal so schwer fällt. Letzteres passiert Ihnen häufig dann, wenn Sie Ihre Pause zu schnell einläuten. Wenn Sie sich unmittelbar nach einer erhöhten körperlichen Anstrengung hinsetzen oder stehen bleiben, sinken Muskeltonus und Kreislaufleistung zu schnell ab. Das erschwert Ihnen nach einer Pause das Weiterkommen und kann unter Umständen zu echten Kreislaufproblemen führen. Achten Sie also darauf, Ihre Pausen langsam einzuleiten. Beim Biken rollen Sie auf den letzten Metern vor der Pause aus, bei anderen Aktivitäten gehen Sie erst noch eine Weile langsam im Kreis umher, bevor Sie sich niedersetzen.

Wenn Sie nach der Pause wieder starten, lassen Sie es gemächlich angehen und ermöglichen Ihrem Herzkreislaufsystem eine schonende Anpassung an die steigende Belastung.

Angst kann Müdigkeit und Erschöpfung hervorrufen

Angst alleine ist – bei einem körperlich gesunden Menschen und bei gelegentlichem Auftreten – nicht wirklich gefährlich. Die Gefahr für den Körper entsteht viel mehr aus den physiologischen Reaktionen, die Bewegungsabläufe, Reaktions- und Verhaltensweisen blockieren und so zu Unfällen führen können. Ein einzelner Anfall von akuter

Angst hinterlässt im Körper nicht viel mehr als eine Art Müdigkeit, etwa wie nach einer anstrengenden körperlichen Tätigkeit. Diese Müdigkeit ist die Folge der gesteigerten und beschleunigten Reaktionen von verschiedenen Systemen wie dem Herzkreislaufsystem, dem endokrinen System, der gesteigerten Hormon- und Neurotransmitterproduktion und den typischen Abläufen im Gehirn, die allesamt Energie verbrauchen.

Daraus ergeben sich für Menschen, die gerade eben einer stark ängstigenden Situation ausgesetzt waren, folgende Konsequenzen: Machen Sie eine Pause, in der sich Ihr Körper von der eben durchstandenen Angst erholen kann. Wenn es das Gelände erlaubt, bewegen Sie sich dabei in leicht kreisenden, schwingenden Bewegungen. So wird zum einen die Muskulatur entkrampft, zum anderen können so im Zuge der Angstreaktion angefallene Stoffwechselendprodukte schneller abgebaut und abtransportiert werden.

Wenn Sie sich nach einer durchstandenen Angstsituation zu schnell der nächsten Herausforderung aussetzen, ist die Gefahr einer weiteren Angstattacke viel höher als nach einer kurzen Pause, in der Ihr Körper Zeit genug hatte, sein natürliches Gleichgewicht wieder herzustellen.

Konzentriert durch die richtigen Snacks und Zwischenmahlzeiten

Auch die Ernährung kann Konzentrationsfähigkeit, Muskelleistungsfähigkeit und Erschöpfung beeinflussen. Kohlehydrate sind eine wichtige Grundlage für körperliche und geistige Leistungsfähigkeit. Kohlehydrate werden im Verdauungssystem zu Glucose umgewandelt. Glucose wird in Glycogen umgewandelt, im Leber- und Muskelgewebe gespeichert und bei Bedarf wieder in den Blutkreislauf abgegeben.

Bei den Kohlehydraten wird zwischen kurz- und langkettigen Glucoseverbindungen unterschieden. Zu den kurzkettigen Kohlehydratverbindungen, auch »Mono-, Di- oder Trisaccharide« oder »Einfach- Zweifach- und Dreifachzucker« genannt, zählen beispielsweise der übliche Haushaltszucker, Honig, Glucose, Fructose, Lactose und Saccharose.

Gemüse, Kartoffeln, Getreide und Hülsenfrüchte hingegen sind in der Regel aus langkettigen Kohlehydratverbindungen, also aus Stärke, aufgebaut. Diese werden als »Polysaccharide« oder »Mehrfachzucker« bezeichnet. Kurzkettige Kohlehydratverbindungen werden nach dem Verzehr schnell in Glucose aufgespalten und vom Blutkreislauf aufgenommen. Das führt zu einem raschen,

aber nur kurzfristigen Anstieg des Blutzuckerspiegels. Werden hingegen langkettige Kohlehydratverbindungen aufgenommen, dauert die Aufspaltung und die Aufnahme der Glucose ins Blut länger. Der Blutzuckerspiegel steigt langsamer an, liefert dafür aber länger und gleichmäßiger Energie als nach dem Verzehr von kurzkettigen Kohlehydratverbindungen.

Ideal für eine mittelfristige Energieversorgung von Gehirn und Muskelleistung sind also Snacks und Zwischenmahlzeiten, die kurz- und langkettige Kohlehydratverbindungen enthalten. Ein Marmeladenbrötchen beispielsweise liefert in Form der Marmelade die kurzkettigen Kohlehydrate, also den schnell verfügbaren Zucker, während die langkettigen Kohlehydratverbindungen des Getreides – die Stärke – den Blutzucker langsamer und längerfristig ansteigen lassen.

Auf Touren sollten Sie also möglichst alles vermeiden, was in erster Linie aus kurzkettigen Kohlehydraten aufgebaut ist. Also Li-

Übungsanleitung

Können Sie sich noch gut konzentrieren, wenn Sie schon länger nicht mehr gegessen haben? Die wenigstens Menschen können das. Probieren Sie einmal aus, ob sich bei Ihrer nächsten Tour Ihre Konzentrationsfähigkeit, Ihr Wohlbefinden und Ihre Leistungsfähigkeit verbessern, wenn Sie sich in regelmäßigen Abständen – etwa alle zwanzig bis dreißig Minuten – kleine, leichtverdauliche Kohlehydratgaben zuführen. Zum Beispiel in Form von Bananen, Trockenfrüchten und »Studentenfutter« oder Marmeladenbrötchen. Wer keine Marmelade mag, kann selbstverständlich auch ein Käse- oder Wurstbrot essen. Das darin enthaltene Fett ist allerdings etwas schwerer verdaulich, deswegen ist es ratsam, die Brote mit den herzhaften Belägen für die etwas längeren Pausen aufzuheben.

Bergwandern: Freude und Herausforderung in jedem Alter

monaden, Traubenzucker oder Designerprodukte, deren Hauptbestandteile auf etwas enden, das sich »-ose« nennt, wie Glucose, Fructose oder Saccharose.

Höhenangst in reiferen Jahren

Häufig berichten Menschen in der Lebensmitte über nun erstmalig auftretende oder zunehmende Höhenangst. Diese Angst steht in keinerlei Zusammenhang mit irgendwelchen Vorkommnissen und die Betroffenen können sich dieses Phänomen kaum erklären. Die Ursache liegt in solchen Fällen meistens ganz schlicht und einfach an ihrem aktuellen körperlichen und konditionellen Zustand. In jüngeren Jahren haben die meisten Menschen mehr Zeit, Gelegenheit und Lust, sich zu bewegen und sind konditionell sowie koordinativ besser trainiert. Bis spätestens zur Lebensmitte holt der Alltag mit seinen Doppel- und Dreifachanforderungen durch Beruf, Familie und sonstige Herausforderungen die meisten Menschen ein. Die (Frei-)Zeit wird knapp und zum vermeintlichen Auftanken bieten sich zahlreiche bequemere Verlockungen an als regelmäßige Bewegung in unterschiedlichen Geländeformen. Kein Wunder also, wenn Kondition und Koordination abnehmen und der Körper jetzt schneller oder erstmals überhaupt mit Unsicherheit, Zögern oder gar mit Angst reagiert. Das Risiko, zu Schaden zu kommen, ist ja tatsächlich höher als bei trainierten Menschen.

Der Umgang mit dieser Situation ist einfach: Bewegen Sie sich wieder mehr, trainieren Sie eventuell gezielt die konditionellen Komponenten, die Sie für Ihre Aktivität besonders benötigen, und gehen Sie so oft wie möglich auf Tour. Dabei sollten Sie sich nicht überfordern und Ihre Herausforderungen langsam – entsprechend den allgemeinen Grundlagen der Trainingslehre – wieder steigern:

• vom Leichten zum Schweren
• vom Einfachen zum Komplexen
• vom Bekannten zum Unbekannten.

Höhenangst bei Männern und Frauen

Die Frage, ob Männer und Frauen gleichermaßen von Höhen- oder Sturzangst betroffen sind, ist nicht so einfach zu beantworten. In meinen Kursen zur Stress- und Angstbewältigung in unterschiedlichen Sportarten lässt sich beispielsweise Folgendes beobachten: Bei den Mountainbikekursen und den Kletterkursen verteilt sich der Anteil der Interessenten zu rund 90 Prozent auf Frauen und zu zehn Prozent auf Männer. Bei den Kursen für Menschen mit Höhenangst sind etwa ein Drittel der Teilnehmer männlich und zwei Drittel weiblich.

Rein biologisch gesehen gibt es in erster Linie zwei Gründe, warum Männer grundsätzlich mutiger sein könnten als Frauen. Das ist zum einen ein um etwa 15 Prozent höherer Anteil an Körperkraft von Männern im Vergleich zu Frauen. Es ist anzunehmen, dass sich dieser höhere Kraftanteil positiv auf das eigene Zutrauen auswirkt. Zum zweiten lässt sich beobachten, dass die Risikofreudigkeit von Frauen nach der Geburt eines Kindes abnimmt, vermutlich als sinnvolle und natürliche Schutzfunktion des eigenen Körpers und stellvertretend für den ihrer Nachkommen.

Darüber hinaus gibt es keinen weiteren nennenswerten naturgegebenen biologischen oder physiologischen Grund, warum Frauen ängstlicher sein sollten als Männer. Ob ein Mensch generell risikofreudiger ist oder sich lieber bedächtig und vorsichtig verhält, liegt zum einen an seiner individuellen Persönlichkeit. Zum anderen spielen soziale und kulturelle Gegebenheiten und Umstände eine Rolle. Untersuchungen an mitteleuropäischen und nordamerikanischen Kindern im Krabbelalter zeigen keinen nennenswerten Unterschied bei ihrer Risiko- und Entdeckerfreude. Aber schon einige Jahre später lässt sich ein deutlicher Zusammenhang zwischen den Reaktionen der Eltern auf die Herausforderung, der sich das Kind aussetzen wird, und dem mehr oder weniger mutigen Verhalten des Kindes feststellen. Ängstlich reagierende Eltern haben dann meistens weniger risikofreudige und nicht ganz so selbstsichere Kinder als aufmunternde Eltern, die ihren Kindern in herausfordernden Situationen Gelassenheit, Zuversicht und Vertrauen entgegenbringen. In Fällen, in denen es scheint, als wären mehr Frauen von unterschiedlichen Ängsten betroffen als Männer, lohnt es sich, genauer hinzusehen. Kann es sein, dass sich Frauen eher zu ihren Blockaden und Ängsten bekennen und sich schneller (oder überhaupt) als Männer um Unterstützung bei der Angstbewältigung bemühen? Könnte es vielleicht sein, dass bei manchen Men-

schen die Schutzfunktion der Angst schon in Kindertagen gewissermaßen ausgeschaltet wurde? Wenn man einem jungen Menschen nur oft genug sagt: »Ein Indianer kennt keinen Schmerz!«, »Nun stell Dich nicht so memmenhaft an!« oder er oder sie sei ein »Angsthase! Feigling!«, dann lernt dieser junge Mensch vielleicht, Signale von Angst und Schmerz zu verdrängen. Um dies zu erreichen, eignet er sich verschiedene Strategien oder Mechanismen an, die sich früher oder später beispielsweise in Form von Süchten und Abhängigkeiten (nicht zuletzt von Extremsport), außergewöhnlicher Risikofreude oder durch Leistungsverweigerung zeigen können. Und weil Jungen diese Sätze tatsächlich öfter zu hören bekommen als Mädchen, denen man ein gewisses Maß an Vorsicht eher zugesteht, ist es nicht verwunderlich, wenn vor allem Männer manchmal ihre Ängste gar nicht wirklich wahrnehmen, geschweige denn sich zu ihnen bekennen.

»Mithalten wollen«: über die allgemeine Leistungsfähigkeit von Frauen

Viele Frauen sind mit ihrer Leistungsfähigkeit im Vergleich zu dem, was Männer leisten können, unzufrieden. Selbst wenn sie sich stark anstrengen, um mithalten zu können, bleiben sie bei vergleichbarem Trainingsstand stets hinter den Männern zurück. Häufig reagieren die Frauen dann verstimmt und bemängeln ihre eigene Leistungsfähigkeit. Oder sie richten ihren Unmut gegen ihre Partner. Viele Männer sind geduldig und akzeptieren ohne Mur-

Männer haben im Durchschnitt mindestens 15 Prozent mehr Kraft als Frauen, was sich auf gemeinsamen Wanderungen gelegentlich in zunehmendem Abstand voneinander ausdrücken kann.

ren, dass sie immer mal wieder auf ihre Partnerinnen warten müssen. Probleme entstehen dann, wenn Frauen über ihr Zurückbleiben frustriert sind und wegen ihrer Unzufriedenheit eine gereizte Stimmung entsteht. Das mögen die wenigsten Männer und da reißt dann schon auch mal der Geduldsfaden.

Frauen sollten sich in Situationen, in denen ihnen ihre Männer mal wieder meilenweit vorauslaufen oder -fahren, eines bewusst machen: Sie haben generell im Durchschnitt etwa 15 Prozent weniger Kraft als Männer. Diese 15 Prozent Unterschied lassen sich manchmal ganz deutlich durch Meter, Sekunden oder Kilo ausdrücken. Wenn Männer und Frauen mit vergleichbarem Trainingsstand in erhöhtem Tempo gemeinsam einen langen, steilen Berg hinauflaufen oder -fahren, ist es wahrscheinlich, dass Frauen nach kurzer Zeit auf 100 Metern Wegstrecke um zehn bis fünfzehn Meter hinter den Männern zurückbleiben. Dieser Abstand summiert sich natürlich mit der Länge der Strecke.

Es gibt Frauen, die diesen Umstand nicht hinnehmen und um jeden Preis mithalten wollen. Solange die Männer, an denen sie sich dann messen, nicht ebenso gut trainiert sind wie sie, oder es einfach nicht darauf anlegen zu zeigen, was sie draufhaben, kann das auch gelingen. Aber ab dem Moment, wenn die Männer aufdrehen und so richtig Gas geben, vergrößert sich der Abstand zwischen Männern und Frauen zwangsläufig. Oder besser gesagt: naturgegeben.

Sich an der Leistungsfähigkeit von Männern zu orientieren, kann Frauen durchaus dabei unterstützen, schneller Fortschritte zu machen. Viele Frauen profitieren konditionell und technisch von gemeinsamen Aktivitäten mit Männern. Für den größeren Teil der Frauen aber führen Wunsch und Versuch, mithalten zu wollen, häufig zu Frustration, Selbstzweifeln und im schlimmsten Fall zur Stagnation technischer und taktischer Fortschritte. Beim Mithaltenwollen verausgaben sie sich stärker, als wenn sie sich in ihrem eigenem Tempo und Rhythmus bewegen. Zur Frustration über ihre eigene Unzulänglichkeit kommt dann bald die Erschöpfung hinzu. Beides sind sehr schlechte Voraussetzungen für technische und taktische Fortschritte und können die Entstehung von Angst begünstigen. Männer und Frauen sollten sich auf gemeinsamen Touren im richtigen Moment an den naturgegebenen, biologischen Unterschied erinnern, sich dementsprechend absprechen und ihre Kräfte so einteilen, wie es dem jeweils persönlichen Trainingsstand und Rhythmus entspricht.

3 Rat und Tat bei Stolpersteinen

Wenn Sie im Internet den Begriff Steighilfen eingeben, finden Sie ein vielfältiges Angebot an Artikeln, die Ihnen in verschiedenen Situationen Sicherheit bieten sollen. Angefangen von Leitern über Sicherheitsschuhe zu Grabenbrücken bis hin zu Rutschhemmern und Warnmarkierungen. Einige dieser Artikel könnten Sie auf Ihren nächsten Touren vielleicht tatsächlich gut gebrauchen, wenn sie nicht viel zu schwer und unhandlich wären, um sie dorthin zu bringen, wo sie eingesetzt werden sollen. Also müssen andere Möglichkeiten her, die Ihnen den Aufstieg erleichtern und mehr Sicherheit geben. Sicherheit ist übrigens etwas, das nur zu einem Teil durch »Sicherungsmittel« wie Seile, Gurte, Verschüttetensuchgeräte oder Klettersteigsets geboten werden kann. Den anderen, viel größeren Anteil an Sicherheit gewinnen Sie durch eigene Erfahrungen. Um Erfahrungen zu machen, müssen Sie aktiv werden. Vom Lesen alleine gewinnen Sie vielleicht Erkenntnisse, aber damit sich ihre bisherigen Bewegungs- und Handlungsmuster oder Reaktionsweisen ändern, müssen Alternativen in der Praxis angewendet und immer wieder geübt werden.

Um ein besseres Verständnis dafür zu bekommen, wie neue Bewegungs- und Handlungsmuster sowie Reaktionsweisen erlernt oder bereits bestehende verändert werden können, sollten Sie wissen, wie »Lernen« überhaupt funktioniert und was dabei geschieht.

Den Lernprozess können Sie sich stark vereinfacht so vorstellen: Das Gehirn besteht hauptsächlich aus Nervengewebe. Dieses Gewebe setzt sich aus Neuronen (Nervenzellen) und Gliazellen zusammen. Am Ende der Nervenzellen befinden sich die Synapsen: kleine Verdickungen, über die Nervenzellen miteinander in Verbindung treten können. Das ist sehr vereinfacht ausgedrückt, denn dieses »in Verbindung treten« geschieht durch einen hochkomplexen Vorgang, an dem winzige elektrische Impulse sowie eine Reihe unterschiedlicher biochemischer Botenstoffe beteiligt sind. Je öfter eine Nervenzelle aufgefordert wird, mit einer anderen Nervenzelle in Verbindung zu treten, desto stärker und größer wird die Synapse, die beide Nervenzellen miteinander verbindet. Je stärker und größer eine Synapse ist, desto schneller können Impulse über diese Synapse übertragen werden. Und je schneller Reize und Impulse im Gehirn weitergeleitet werden, desto rascher kann auf Wissen und Können zugegriffen werden. Damit Synapsen wachsen können, müssen sie häufig benutzt werden. Je öfter eine Bewegung, aber auch eine Handlung oder ein bestimmter Gedankengang, wiederholt wird, desto besser baut sich eine Verbindung auf und festigt sich.

Das klingt Ihnen zu wissenschaftlich? Dann stellen Sie sich eine weitläufige, sanft gewellte Almenlandschaft umgeben von einer grandiosen Gebirgslandschaft vor. Von unten herauf zieht sich ein breiter Wirtschaftsweg in weiten Bögen bis hinauf zur Alm, wo Sie sich auf einer mit bunten Sonnenschirmen bestückten Terrasse ausruhen und in aller Ruhe ein Glas frische Milch oder eine Käseplatte mit frisch gebackenem Bauernbrot genießen können. Viele Wanderer kennen diese Alm und freuen sich schon bei der Anreise darauf, dort einzukehren. Aber weil ihnen der Aufstieg über den breiten Wirtschaftsweg zu lange dauert, zweigen einige Wanderer unten vom Wirtschaftsweg ab und stapfen »direttissima« durch die Wiese hinauf zum Haus. Am Anfang einer jeden Saison gibt es hier noch keinen Pfad und die ersten Wanderer müssen sich stolpernd und tastend über Stock und Stein einen Weg bahnen. Je mehr Wanderer dann diesen Pfad nutzen, desto breiter und gangbarer wird er.

Genauso ist es mit dem Lernen. Wenn Sie eine Bewegung oder eine Handlung zum ersten Mal ausführen, ist der »Pfad« vom Gehirn zur beteiligten Muskulatur noch ungebahnt, Bewegungen oder Handlungen verlaufen holperig und stockend. Je öfter Sie die Bewegung oder die Handlung durchführen, desto fester wird die neue Bahnung und desto flüssiger und automatischer verläuft die Bewegung. Das Gehirn entwickelt sich also »gebrauchsabhängig«. Wenn Sie lernen möchten, mit Ihrer Angst anders umzugehen als bisher, dann müssen Sie die neuen Bewegungsmuster, Verhaltens- und Reaktionsweisen geduldig und beharrlich immer wieder üben, damit Ihr Körper im Ernstfall flüssig darauf zurückgreifen kann. Üben Sie konsequent: Wenn Sie gelegentlich den neu angelegten Wiesenpfad und gelegentlich den alten Wirt-

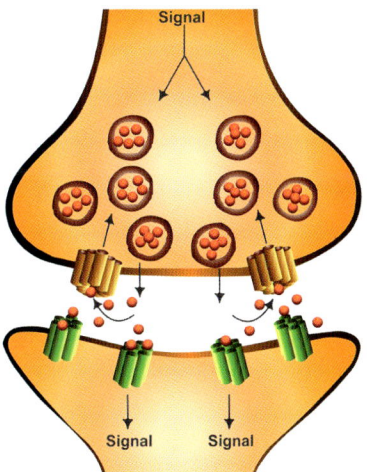

Synapsen sind kleine Verdickungen am Ende der Nervenfasern, über die Nervenzellen miteinander in Verbindung treten können. Je öfter dieselben Reize über eine Synapse übertragen werden, desto größer wird deren Kontaktfläche und auch die Anzahl der Synapsen nimmt zu.

schaftsweg nehmen, dauert es länger, bis sich der neue Pfad durch die Wiese verbreitert und festigt.

Damit Sie eine Idee davon bekommen, was Sie in Ihren persönlichen Grenzsituationen anders machen können als bisher, finden Sie in diesem Kapitel Anregungen für den Umgang mit den häufigsten Angst auslösenden Situationen beim Bergwandern, Klettern, Mountainbiken, Skifahren und Skitourengehen sowie in der Stadt. Zum Schluss dieses Kapitels finden Kurs- und Wanderleiter eine Aufstellung über Umgangsmöglichkeiten mit von Sturz- oder Höhenangst betroffenen Kursteilnehmern. Auch wenn Sie sich als Bergwanderer nicht unbedingt für die für Mountainbiker, Skifahrer oder Kletterer verfassten Passagen interessieren (oder umgekehrt: als Mountainbiker nicht für die Anliegen von Skisportlern), empfehle ich Ihnen, diese dennoch zu lesen. Sie werden auch dort Tipps und Erklärungen finden, die Ihnen als Unterstützung dienen können.

Ebenso wie man den Bergwegen ihre Nutzungshäufigkeit ansieht, entwickeln sich auch neuronale Verbindungen gebrauchsabhängig

Rat und Tat für Angst auslösende Situationen beim Bergwandern

Gehtechniken

Das Bergwandern nimmt prozentual den größten Anteil an den verschiedenen Aktivitäten in alpinem Gelände ein. Und weil Wandern im Vergleich zum Klettern oder zum Skifahren relativ einfach zu sein scheint, denken viele: Was kann ich da schon falsch machen? Ach, so einiges! 54 Prozent aller Unfälle beim Bergwandern geschehen durch Stolpern. Stolpern hat – neben der allgemeinen Unachtsamkeit – einige ganz typische Ursachen. Erstens können die durch Stress und Angst ausgelösten Veränderungen von Muskulatur und Körperhaltung Unsicherheit und Trittfehler begünstigen. Ein zweiter, sehr häufiger Grund ist Erschöpfung aufgrund von Selbstüberschätzung der eigenen Fitness. Diese beiden Ursachen wurden bereits im ersten Kapitel beschrieben. Und die dritte häufige Ursache für Schrittfehler und Stolpern ist eine unsaubere oder völlig fehlende Gehtechnik.

An dieser Stelle auf die Vielzahl der optimalen Techniken für unterschiedliche Geländeformen oder Sportarten einzugehen, würde den Rahmen dieses Buches sprengen. Die richtige Gehtechnik für unterschiedliche Geländeformen lernen Sie am besten in speziell dafür angebotenen Kursen. Vereine und Sportschulen bieten Einsteiger- und Fortgeschrittenenkurse an, in denen sich die technischen Grundlagen des Bergwanderns, aber auch die des Schneeschuhwanderns, Kletterns, Skitourengehens sowie des Mountainbikens und Klettersteiggehens erlernen lassen. Eine Auswahl von Anbietern, die ausdrücklich Rücksicht auf die besonderen Bedürfnisse von weniger risikofreudigen Menschen nehmen, und die ihre Kursteilnehmer – möglichst in einer Gruppe Gleichgesinnter – sehr behutsam an die jeweiligen Herausforderungen heranführen, finden Sie im Anhang (siehe Seite 122–123).

Dennoch möchte ich Ihnen hier einige einfache Übungen zur Gehtechnik vorstellen. Diese sollen Ihnen verdeutlichen, wie sich durch kleine, einfache Veränderungen Ihre Trittsicherheit und vor allem Ihr Bewusstsein für das (Berg-)Gehen verändern kann. Die Übungen können Sie ohne weitere Vorbereitungen auf einem kleinen Hügel – möglichst mit leicht unebenem Untergrund wie beispielsweise Wurzeln, großen Steinen, Schotter oder Stufen – ausprobieren. Beobachten Sie, bei welcher Technik Sie sich besonders sicher fühlen.

Kleine oder große Schritte (Karte 6)

Variieren Sie beim Bergauf- und beim Bergabgehen Ihre Schrittlänge. Machen Sie kurze, mittelweite und große Schritte und achten Sie darauf, welche Art der Schritte Ihnen den größten Halt bietet, und welche mehr oder weniger Krafteinsatz erfordert. Vermutlich werden Sie feststellen, dass kleinere Schritte mehr Sicherheit verleihen und weniger Kraft kosten.

Gerade oder schräge Tritte (Karte 6)

Setzen Sie Ihre Füße beim Bergauf- und beim Bergabgehen einmal frontal mit der Spitze zum Berg (bei bergauf) oder zum Tal (bei bergab) auf. Anschließend setzen Sie Ihre Füße leicht schräg und danach quer zum Hang auf, wobei Sie die ganze Länge der Fußkanten belasten. Achten Sie darauf, bei welcher Art des Aufsetzens Sie sich am sichersten fühlen. Gehen Sie nun ein kurzes Stück den Hang hinauf und

wieder hinunter und experimentieren Sie – entsprechend der wechselnden Geländebeschaffenheit – mit allen drei Möglichkeiten, die Füße aufzusetzen. So können Sie feststellen, welche Tritte Ihnen auf verschiedenen Untergründen am meisten Sicherheit bieten.

Körperschwerpunkt und Druckverteilung (Karte 6)

Suchen Sie – aufrecht und gerade stehend – Ihren Körperschwerpunkt. Diesen finden Sie etwa eine Handbreit unter dem Bauchnabel. Dann blicken Sie hinunter auf Ihre

Bergauf mit kleinen Schritten ist Kraft sparender als ...

... mit großen Schritten.

Experimentieren Sie mit verschiedenen Trittmöglichkeiten: mit der Spitze frontal zum Hang ....

... oder Sie setzen den Fuß quer zum Hang auf, wobei Sie die ganze Länge der Fußkanten belasten.

Füße und suchen dort den Fußmittelpunkt. Diesen finden Sie etwa unter dem höchsten Punkt Ihres Spannes, also da, wo Ihr Schienbein in den Fuß übergeht. Achten Sie nun darauf, ob und wann sich beim Stehen und Treten Ihr Körperschwerpunkt über dem Fußmittelpunkt befindet. Beim Gehen werden die beiden Punkte ziemlich gleichmäßig umeinander pendeln, beim Treten verlagert sich der Körperschwerpunktpunkt über den Mittelpunkt des jeweils belasteten Fußes.

Nun beginnen Sie, den Abhang langsam, in kleinen Schritten hinauf- und wieder hinunterzusteigen. Achten Sie erneut darauf, ob sich Ihr Körperschwerpunkt beim Auftreten über dem Fußmittelpunkt befindet oder ob Sie Oberkörper oder Hüfte so weit nach vorne oder nach hinten schieben, dass diese beiden Punkte weit voneinander abweichen. Versuchen Sie nun ganz bewusst, Ihren Körperschwerpunkt bei jedem Auftreten über den Mittelpunkt des jeweils belasteten Fußes zu bringen. Spüren Sie, ob Ihre Schritte dadurch fester und entschlossener werden oder unsicherer.

Sie werden feststellen, dass Ihre Füße mehr Halt finden, wenn Sie Ihren Körperschwerpunkt beim Auf- und Absteigen über den Fußmittelpunkt bringen. Diese Gehtechnik erleichtert Ihnen vor allem das Bergauf- und Bergabgehen auf weniger Halt gebendem oder schotterigem Untergrund. Experimentieren Sie mit diesen Schritttechniken unbedingt auch vorerst in leicht geneigtem Gelände bei regennassem oder durchweichtem Untergrund.

Beim Bergaufgehen ...

... ebenso wie beim Bergabgehen verlagert sich der Körperschwerpunktpunkt über den jeweils belasteten Fuß.

Harter oder weicher Untergrund

Wenn Sie geneigtes Übungsgelände mit unterschiedlich harten Bodenbelägen finden, können Sie mit der Art des Aufsetzens Ihrer Schuhe experimentieren. Ist der Boden hart und griffig, setzen Sie den Schuh am besten mit der ganze Sohle auf. Je weicher und schräger der Untergrund, desto eher setzen Sie in erster Linie die Kanten ihrer Schuhe ein. Wenn Sie in zu wenig steilem oder zu hartem Gelände anstatt der ganzen Sohle nur die Kanten der Schuhe einsetzen, könnten Ihre Tritte unsicherer werden. Gerade beim Bergabgehen auf schottrigem Untergrund ist die richtige Belastung der Füße außerordentlich wichtig.

Ist der Boden hart und griffig, können Sie den Schuh häufig mit der ganze Sohle aufsetzen. Bei weichen Böden kann Ihnen das seitliche Aufsetzen mit den Leisten des Schuhs mehr Sicherheit und Halt bieten.

Sie müssen nicht jede Mode mitmachen, aber wenn es um Passform, Griffigkeit und Komfort geht, sollten Sie keine Kompromisse eingehen.

Bergwanderschuhe

Ihre Wanderschuhe spielen beim sicheren Gehen und Treten eine zentrale Rolle. Nehmen Sie sich bei Ihrer nächsten Bergwandertour einmal die Zeit, anderen Wanderern auf die Schuhe zu sehen. Sie werden sich fragen, wie sich manche Menschen in ihren Schuhen überhaupt fortbewegen können. Da gibt es Bergwanderer, die in ihren klobigen Schuhen mit Zentimeter dicker, brettsteifer Sohle, wie gemacht, um daran Steigeisen zu befestigen, ganz offensichtlich gerade auf dem Weg zum nächsten Gletscher sind. Wie, hier gibt es weit und breit keinen Gletscher? Nun, dann bleibt zu hoffen, dass diese Wanderer von Natur aus über ein hervorragendes Gleichgewichtsgefühl verfügen. Für Menschen, die sich in unwegsamem Gelände von vorneherein nicht wohl fühlen, können steife, klobige und schwere Schuhe das Sicherheitsempfinden – und die Trittsicherheit – stark beeinträchtigen. Nicht anders ist es mit Schuhen, die um eine Nummer zu groß sind (damit, wenn es kalt ist, auch noch das zusätzliche Paar dicke Socken hineinpasst), die nicht ordentlich und fest geschnürt sind oder die eigentlich für den Einsatz auf dem Tennisplatz gemacht sind. Ihre Schuhe sollten Ihnen perfekt passen, bei gleichzeitiger Bewegungsfreiheit optimalen Halt bieten und Ihren Füßen guten Kontakt und Halt auf unterschiedlichen Bodenbeschaffenheiten ermöglichen.

Unterschiede bei Wanderschuhen

Je nach Einsatzbereich und Geländebeschaffenheit lassen sich Bergschuhe in drei Gruppen einteilen:

Kategorie	Merkmale	Einsatzbereich
Sportschuh	• Knöchelfrei • Sehr leicht • Atmungsaktiv • Keine Sohlensteifigkeit • Kein festes Obermaterial • Kein Knöchelschutz	• Asphalt • Sandwege • Leichtes Gelände
Trekkingschuh	• Schafthöhe bis über den Knöchel • Stabiles Obermaterial • Profilgummisohle • Stabilisiert gegen seitliches Umknicken • Bietet je nach Ausstattung Wärme- und Nässeschutz	• Unebenes und alpines Gelände • Für kurze Strecken auch im Schnee
Bergschuh	• Stabiler Schaft • Isolierendes Futter • Dicke und stabile Profilgummisohle • Steigeisentauglich • Hohe Seitenstabilität	• Grobes Blockwerk • Gletscherwanderungen • Kurze Steigeisenpassagen • Wintertouren

Quelle: Alpin-Lehrplan Band 1, Bergwandern und Trekking, Dr. Karl Schrag, BLV Verlag

Die Füße spielen beim Gehen eine bedeutende Rolle. Sie sind aus jeweils 26 Knochen, einer Vielzahl von Gelenken und über 100 Muskeln und Sehnen aufgebaut. In Verbindung mit dem Nervensystem und dem Gehirn bilden die Füße die Grundlage für die Aufrichtung, das Stehen und das Gehen. Haut, Muskeln und Sehnen weisen eine außergewöhnliche hohe Dichte an Tastzellen auf, die »somatischen Rezeptoren«. Somit sind die Füße ein sehr sensibles Tastorgan und geben unter anderem Informationen über die Geländebeschaffenheit und die Neigung des Untergrunds an das Gehirn weiter. Im Gehirn werden die entsprechenden motorischen Befehle erarbeitet, durch welche die Füße dann in der Lage sind, Geländebeschaffenheiten auszugleichen und abzudämpfen sowie die gesamten Bewegungen des Körpers auszusteuern und den Körper damit zu stabilisieren.

Dadurch wird deutlich, wie wichtig optimal passende Schuhe sind und auf welche Weise sie sicheres und stabiles Gehen ermöglichen, aber auch behindern können.

Mit oder ohne Stöcke?

Etwa ein Viertel aller Teilnehmer meiner Höhenangstkurse kommt mit Wanderstöcken im Gepäck. In der einleitenden Theorieeinheit wird dann stets die Frage gestellt: »Lieber mit oder lieber ohne Stöcke?« Wenn Sie sich näher mit dieser Frage beschäftigen, finden Sie eine Vielzahl unterschiedlicher, sich teilweise widersprechender Aussagen und Meinungen. Ich beschränke mich daher auf die Argumente, zu denen ich auf zahlreichen Wanderungen mit von Höhenangst betroffenen Menschen ausreichend Erfahrungen sammeln konnte.

Die Antwort auf die Frage also, ob nun mit oder besser ohne Stöcke, lautet dann stets: »Wenn es für Sie in Ordnung ist, setzen Sie die Stöcke beim Bergaufgehen nur dann ein, wenn Sie den Eindruck haben, dass es nicht mehr ohne Stöcke weitergeht. Wenn Sie die Stöcke später auf dem Rückweg zur Entlastung beim Bergabgehen einsetzen wollen, ist das völlig in Ordnung. Ansonsten tun und lassen Sie das, was Ihnen persönlich am meisten Sicherheit vermittelt.« Meinen Beobachtungen zufolge nutzen gerade verängstigte Bergwanderer ihre Stöcke als vermeintliche Haltepunkte: Das Gefühl, sich mit den Händen irgendwo festhalten zu können, vermittelt Sicherheit. Diese trügerische Sicherheit kann dazu verleiten, die Aufmerksamkeit für kurze Schritte und sichere, feste Tritte beim Aufsteigen zu vernachlässigen. Anstatt sich also beim Suchen und Finden des Weges auf die eigenen Sinne zu verlassen, wird die Bergtour munter und mit vollstem Vertrauen in die Stöcke gestartet. Bis man in Situationen gerät, in denen es ratsam wäre, eine oder zwei Hände frei zu haben, um besser balancieren oder sich festhalten zu können. Spätestens dann stellt sich selbst dem eifrigsten Verfechter des Stockeinsatzes die Frage: Wohin damit? Solange Sie ein geübter Berggeher und nicht von Höhenangst betroffen sind, stellt Sie diese Situation nicht vor weitere Probleme. Aber falls Sie zur Höhenangst neigen, dann werden Sie jetzt mit einer Stresssituation konfrontiert, durch die sich Ihre Angst ganz schnell verstärken kann.

Häufig lässt sich beobachten, dass die Verwendung von Stöcken zu längeren Schritten verleitet. Längere Schritte können zu einer höheren Belastung für die Kniegelenke führen und dadurch Knieschmerzen verursachen. Bei kürzeren Schritten hingegen bleibt der Körperschwerpunkt zentraler über dem Fuß, sie sind sicherer und kosten weniger Kraft.

Gelegentlich lässt sich beobachten, dass ausgerechnet etwas weniger gut trainierte Wanderer ihre Stöcke so einsetzen, als ob sie die fehlende Muskelkraft ersetzen könnten. Der Einsatz von Stöcken sollte nicht dazu verleiten, Wegstücke zu begehen, für die man sich ohne Stöcke nicht ausreichend kräftig, sicher und energiegeladen fühlt. Zudem sollte man bedenken, dass Stöcke beim Bergabgehen nur bei korrektem Einsatz und den entsprechenden muskulären Vorraussetzungen ein gewisses Maß an Entlastung bieten können.

Bei richtiger Benutzung und ausreichenden muskulären Voraussetzungen kann durch den Einsatz von Stöcken beim Bergabgehen ein Teil des Körper- und des Rucksackgewichts abgefangen werden.

Der in meinen Augen wichtigste Punkt betrifft das Gleichgewichtsgefühl. Das Finden und Unterstützen der Balance (beim Aufstieg) mithilfe von Wanderstöcken nimmt dem Körper einen Teil seiner Aufgaben des weiter oben beschriebenen Stabilisierungsprozesses ab. Auch die beiden Innsbrucker Autoren und Sport-Mediziner Arnold Koller und Christian Haid bestätigen: »Ständiges Gehen mit Stöcken schwächt das Gleichgewichtsgefühl, das (lebens-)wichtig sein kann. Außerdem verringert der dauernde Einsatz die körpereigenen Reize und Schutzmechanismen, die für den Aufbau gesunder Gelenkknorpel wichtig sind.«

Gründe genug also, Wanderstöcke beim Bergaufgehen nur gelegentlich einzusetzen, und so oft wie möglich ohne Gehhilfen zu gehen, um Balance, Gleichgewichtsgefühl und vor allem das Selbstvertrauen zu trainieren.

Etwas anders verhält es sich bei langen und steilen Abstiegen und beim Tragen schwerer Lasten. Hier kann – bei richtiger Benutzung und ausreichenden muskulären Voraussetzungen – ein Teil des Körper- und Rucksackgewichts über die Arm- und Schultermuskulatur abgefangen werden. Diesen Effekt können sich beim Bergabgehen vor allem Menschen mit Knie- oder Hüftbeschwerden und übergewichtige Wanderer zu Nutze machen.

Verschiedene Geländeformen

Bei den meisten Menschen ist das Auftreten von Höhenangst geländeabhängig. Dementsprechend variieren die Umgangsmöglichkeiten mit der beginnenden oder akut auftretenden Angst. Zum einen kann Angst

Bei einseitig ausgesetzten Wegen finden die Augen auf einer Seite wenig oder keine feststehenden, kontrastreichen Objekte und die Gefahr von Höhenschwindel nimmt zu.

dann auftreten, wenn bislang kaum oder schlechte Erfahrungen in vergleichbarem Gelände gesammelt wurde. Das ist eine vollkommen normale und gesunde Reaktion des Körpers, um zur erhöhten Vorsicht aufzurufen. Daneben spielt – insbesondere beim Bergwandern, bei Skitouren und beim Mountainbiken in hochalpinen Regionen – der Höhenschwindel eine bedeutende Rolle bei der Entstehung von Angst. Sie erinnern sich vermutlich daran, was Sie bereits im ersten Kapitel über den Höhenschwindel gelesen haben: Der Körper orientiert sich in seiner aufrechten Haltung mithilfe des äußeren Sehfeldes an feststehenden, kontrastreichen Objekten. Findet das Auge auf einer oder auf beiden Seiten keine feststehenden Objekte zur Orientierung, beginnt der Körper leicht zu schwanken. Dieses Schwanken kann Schwindel auslösen, der vom Körper eventuell als Gefahr interpretiert wird und eine Angstreaktion auslösen kann.

Einseitig ausgesetzte Wegstücke

Auf einem einseitig ausgesetzten Weg oder Pfad findet das Auge nur auf einer Seite feststehende Objekte, um sich in seiner Lage zu stabilisieren. Weil Menschen in ungewohnten oder als bedrohlich empfundenen Situationen automatisch dorthin sehen, wo sie die Gefahr vermuten, tendieren besonders ängstliche Menschen dazu, häufig in Richtung Tal zu schielen. Dort aber findet das Auge weniger oder keine feststehenden und kontrastreichen Objekte zur Orientierung und Höhenschwindel kann sich verstärken.

Was tun?

- Richten Sie Ihren Blick beim Gehen sehr konzentriert auf den bergseits gelegenen Wegrand vor Ihnen.
- Wenn Sie sich umsehen möchten, tun Sie das mit kurzen Blicken und im Sitzen oder Hocken: Je kleiner Sie sich machen, desto weniger schwanken Sie.
- Lenken Sie Ihre Aufmerksamkeit auf eine tiefe und regelmäßige Atmung und erinnern Sie sich an den Satz: »Da wo ich hinsehe, da geht es hin.«

Grate

Auf einem Grat befinden sich auf keiner Seite feststehende, kontrastreiche Objekte (das kann Höhenschwindel auslösen), und meistens geht es auf beiden Seiten auch noch steil hinab (das kann Sturzangst auslösen). Fast alle Menschen, die wenig oder keine Erfahrungen mit dieser Art von Gelände gesammelt haben, reagieren hier zwangsläufig mit erhöhtem Stress. Insbesondere auf längeren Graten ist es wichtig, die aufkommende Nervosität und Angst sehr bewusst zu kontrollieren und mithilfe von Atmung und Blicklenkung bewusst zu regulieren **(Karte 7)**.

Was tun?

- Regulieren Sie Ihre Nervosität durch Ihre Atmung. Beginnen Sie bereits vor dem Betreten des Grates damit, tief und ruhig zu atmen.
- Richten Sie Ihren Blick beim Gehen sehr konzentriert auf den vor Ihnen liegenden Weg.

Auf Graten finden die Augen auf keiner Seite mehr feststehende, kontrastreiche Objekte und zudem geht es häufig auch noch steil bergab.

• Eventuell können Sie einen Bergkameraden bitten, direkt vor Ihnen herzugehen. Richten Sie dann Ihren Blick konzentriert auf die Schuhe des Vorangehenden und folgen Sie seinen Schritten. Wenn Sie eine Pause brauchen, machen Sie sich so klein wie möglich. Also setzen, kauern oder legen Sie sich hin: Je kleiner Sie sich machen, desto weniger schwanken Sie.

Wiesenhänge (Karte 7)

Schmale Wege über Wiesenhänge erscheinen kaum jemandem bedrohlich und doch können sie manchen Menschen auf längeren Querpassagen Probleme bereiten.

Beim Queren von Wiesenhängen tritt die Angst selten plötzlich, sondern meistens schleichend auf.

Beim Queren von Wiesenhängen finden Sie sich häufig in einer einseitig ausgesetzten Geländeform wieder. Erschwerend kommen nun zwei Dinge hinzu: Zum einen findet das Auge selbst auf der bergseitigen Wegseite – abgesehen von Blumen und Gräsern – wenig kontrastreiche Objekte. Zum anderen könnte das Gehirn »Wiese« aufgrund früherer Erfahrungen mit rutschigem, schmierigem und wenig Halt gebendem Untergrund assoziieren.

Beim Queren von Wiesenhängen tritt die Angst übrigens selten plötzlich, sondern meistens schleichend auf. Die vom Körper empfundene Bedrohung ist nicht so stark und deutlich wie an einer steil abfallenden Stelle. Beim Queren von breiten Hängen aber ist der Körper längere Zeit latentem Stress ausgesetzt und wenn dann noch Müdigkeit oder einige unwegsame oder rutschige Stellen hinzukommen, kann die Angst zunehmen und entsprechende Reaktionen nach sich ziehen.

Was tun?

- Richten Sie Ihren Blick beim Gehen sehr konzentriert auf den Weg vor Ihnen.
- Machen Sie in regelmäßigen Abständen kurze Pausen, um Ihrem Körper eine Pause von der latenten Stresssituation zu ermöglichen. Setzen oder kauern Sie sich dabei nieder und lenken Sie Ihren Blick bewusst auf kontrastreiche Dinge in

unmittelbarer Nähe wie Blumen, Gräser oder ihre Ausrüstung.

- Achten Sie vor allem bei feuchten, nassen oder schlammigen Passagen auf Ihre Gehtechnik: Machen Sie kleine Schritte und achten Sie beim Treten auf die Verlagerung Ihres Körperschwerpunkts über den Mittelpunkt des jeweils belasteten Fußes.

Schneefelder (Karte 7)

In höher gelegenen Regionen oder in nordseitigen Taleinschnitten trifft man gelegent-

Kleine, nicht allzu steile Schneefelder sollten auch von Ängstlichen zu meistern sein. Große, steile und vereiste Schneefelder hingegen können ein guter Grund sein, eine Tour abzubrechen und umzudrehen.

lich das ganze Jahr über auf Schneefelder. Das Queren von Schneefeldern birgt tatsächlich ein erhöhtes Gefahrenpotenzial, so stellen bereits mäßig geneigte Hänge von 30 Grad ein Absturzrisiko dar. Versuche zeigen, dass die Rutschgeschwindigkeit bei einem 42 Grad steilen, harten Altschneehang bereits 98 Prozent der freien Fallgeschwindigkeit erreicht. Kein Wunder also, wenn sich die meisten Wanderer unwohl fühlen, wenn ein Wanderweg plötzlich in ein steiles, vereistes Schneefeld mündet. Ein solches kann bei zu wenig Erfahrung oder unpassender Ausrüstung ein guter Grund sein, die Tour abzubrechen und umzudrehen.

Das Queren von kurzen, mäßig steilen Schneefeldern, die nicht von einer Eisschicht bedeckt sind, sollte auch von Ängstlichen zu meistern sein. Vorausgesetzt, Sie erinnern sich an die bereits bekannten Maßnahmen zur Angstregulation – Atmung, Körperhaltung und Blicklenkung – und nutzen die entsprechenden Schritttechniken.

Was tun?

- Zum sicheren Queren von Schneefeldern eignet sich die Kerbschritttechnik. Der Hang wird leicht schräg auf- oder absteigend gequert, dabei wird Schritt für Schritt mit der seitlichen Sohlenkante mehrfach in den Schnee eingekerbt, bis eine Art kleine Stufe entsteht, auf welcher der Schuh Halt findet.

- Wenn es das Gelände ermöglicht, drehen Sie sich mit dem Oberkörper leicht zum Hang hin.

Schotterwege und -hänge (Karte 7)

Für viele Menschen ist das Bergabgehen auf Schotterwegen und -hängen eine beängstigende Herausforderung. Sie assoziieren Schotter blitzschnell mit der Gefahr des Ausrutschens und verringerter Bodenhaftung. Die Wahrnehmung eines voraus liegenden, bergab führenden Schotterstücks löst bei vielen Menschen physiologische Angstreaktionen aus, unter anderem die bereits im ersten Kapitel beschriebene Veränderung der Körperhaltung. In diesem besonderen Fall verschiebt sich der Körperschwerpunkt nach hinten und die Beinmuskulatur verspannt. Dadurch verändert sich die Druckverteilung auf den Fuß. Anstatt den Fuß gleichmäßig zu belasten kommt mehr Druck auf die Ferse. Diese Druckbelastung ist insbesondere bei losem Untergrund kritisch, der Fuß kann tatsächlich eher wegrutschen.

Viele Menschen assoziieren Schotter blitzschnell mit der Gefahr des Ausrutschens und verringerter Bodenhaftung.

Ängstliche Haltung beim Bergabgehen auf Schotter: Der Körperschwerpunkt ist nach hinten verschoben.

Richtige Haltung beim Bergabgehen auf Schotter: Der Körperschwerpunkt befindet sich über dem jeweils belasteten Fuß.

Auch Erschöpfung kann zu einer veränderten Körperhaltung mit den eben beschriebenen Auswirkungen führen. Wenn auf dem Rückweg der Tour beim Abstieg Müdigkeit und Erschöpfung zunehmen, können sich die Körperhaltung und Muskelspannung ebenfalls verändern und die weiter oben beschriebene ungünstige Gewichtsverteilung auf den Fuß begünstigen. Das führt generell zu einer Verschlechterung der Gehtechnik. Und wenn dann auch noch der Untergrund lose ist, ist es kein Wunder, wenn der Körper mit ängstlicher Anspannung reagiert **(Karte 6)**.

Was tun?

- Machen Sie kleine Schritte und achten Sie beim Treten auf die Verlagerung Ihres Körperschwerpunkts über den jeweils belasteten Fußmittelpunkt.
- Bleiben Sie aufrecht und vermeiden Sie, sich zu weit nach vorne oder nach hinten zu lehnen.
- Versuchen Sie sich flüssig, spielerisch, fast schon elegant zu bewegen. Dadurch bleibt Ihr Körper beweglich und kann schneller auf den losen Untergrund reagieren.
- Ihre Hände sollten frei sein, um Ihnen beim Balancieren zu helfen und damit Sie sich notfalls abstützen können.
- Wenn die Angst sehr stark wird, machen Sie sich klein, richten Sie Ihren Blick auf die dem Berg zugewandte Seite und nutzen Sie den Atem, um sich zu beruhigen.

Ganz oben! Eine tolle Sache für Menschen ohne Höhenangst. Für alle anderen bedeuten Ausgesetztheit, Tiefblick und tatsächliche Absturzgefahr erhöhten Stress.

Gipfel, Kanzeln und Aussichtsplattformen (Karte 7)

Gipfel und Kanzeln sind mit Aussichtsplattformen zu vergleichen: Sie stehen oben und haben auf alle Seiten einen hervorragenden, unverstellten Ausblick. Eine tolle Sache für Menschen, die keine Höhenangst haben. Für alle anderen gestaltet sich diese Situation schwierig. Zum einen kann Höhenschwindel auftreten, zum andern besteht tatsächlich Absturzgefahr, vor allem, wenn die Stelle nicht zusätzlich mit Seilen oder einem Geländer geschützt ist. Folglich sind Gipfel und Kanzeln – ebenso wie hohe Aussichtspunkte – ein häufiger Auslöser für Höhenangst.

Was tun?
- Beim Sitzen oder Knien schwankt der Körper weniger und die Gefahr von Höhenschwindel nimmt ab.
- Kurze Blicke »ins Nichts« beeinträchtigen weniger als lange.
- Vermeiden Sie, durch ein Fernglas zu sehen oder Wolken zu beobachten. Richten Sie stattdessen den Blick konzentriert auf feststehende und kontrastreiche Objekte in der nahen Umgebung. Wenn dort gar nichts ist, worauf Sie Ihren Blick richten können, zählen Sie die Knöpfe an Ihrem Hemd oder die Ösen Ihrer Schnürsenkel.

- Wenn Sie genügend Zeit haben und die äußeren Umstände es erlauben, können Sie Ihre Angst auch »aussitzen«. Bleiben Sie sitzen, bewegen sie Hände und Füße in kleinen, kreisenden Bewegungen und konzentrieren Sie sich auf eine tiefe, ruhige Atmung. Nach einer Weile werden Sie feststellen, dass Ihre Angst abnimmt und Sie sich entspannen.
- Wenn Sie sich näher an den Rand der Kanzel bewegen möchten oder müssen, dann gelingt Ihnen das umso eher, je mehr Kontakt Sie mit dem Untergrund haben. Es mag zwar ungewöhnlich anmuten, aber auf dem Bauch liegend mag es Ihnen sogar gelingen, den Ausblick ohne größere Schwierigkeiten zu genießen oder gar kurzzeitig über den Rand nach unten zu blicken.

Seilpassagen

Gelegentlich stößt man beim Bergwandern auf mit Stahlseilen abgesicherte Passagen. Bei Menschen mit Höhenangst kann schon alleine die Ankündigung, dass sich irgendwo auf der Tour eine Seilpassage befindet, Angst auslösen. Ganz so, als ob sich aus dem bloßen Vorhandensein eines Seiles auf eine ganz besonders gefährliche Stelle schließen ließe. Durch diesen latenten Stress sinkt die Angstschwelle ab und sorgt schon lange, bevor das Seil in Sichtweite kommt, für schweißnasse Hände. Die Behauptung, dass Seilpassagen durch die zusätzliche Absicherung sicherer sind als Stellen ohne Seil, wird bei einem Menschen in einer akuten Stresssituation auf taube Ohren treffen:

Da ist ein Seil, also ist es da gefährlich und Punkt.

Was tun?

- Ob – und in welchem Schwierigkeitsgrad – sich in bestimmten Routen Seilpassagen finden, lässt sich in den meisten Fällen bereits im Voraus bei der Tourplanung herausfinden. Machen Sie sich schon bei der Vorbereitung klar, dass Ihnen seilgesicherte Passagen zwar mehr Mut und Selbstvertrauen abverlangen, aber durch das Seil auch mehr Sicherheit bieten.
- Steigern Sie die Art der Herausforderung langsam, von Wanderungen mit kurzen, einfachen Seilpassagen zu Touren mit zunehmend längeren Passagen.
- Wenn Sie eine Seilpassage überwinden wollen, erinnern Sie sich unbedingt an die drei Schlüssel zur Stress- und Angstregulation:
  1.) Atmen
  2.) selbstsichere Körperhaltung, Muskulatur locker und leistungsbereit
  3.) Aufmerksamkeitssteuerung auf das, was zu tun ist, zum Beispiel »Atmen« oder »kleine Schritte oder »immer eine Hand am Seil« **(Karte 1-4)**.
- Wenn das Seil an einer Wand entlang gespannt ist, dann drehen Sie Ihren Oberkörper zur Wand, greifen das Seil mit beiden Händen und gehen seitlich voran.
- Wenn das Seil rechts oder links neben Ihnen gespannt ist, greifen Sie das Seil fest mit einer oder beiden Händen und gehen ruhig und mit kleinen Schritten so weiter, wie es das Gelände erfordert.

Die Behauptung, dass Seilpassagen durch die zusätzliche Absicherung sicherer sind als Stellen ohne Seil, wird bei einem Menschen in einer akuten Stresssituation auf taube Ohren treffen.

- Wenn Sie das Seil mit nur einer Hand greifen, machen Sie im Bedarfsfall ganz bewusste Handwechsel, bei denen für einen Augenblick beide Hände das Seil greifen, bevor die eine Hand die andere ablöst.
- Vermeiden Sie, in die Tiefe zu blicken. Schauen Sie stattdessen beim Treten auf den Weg vor sich und beim Umsetzen der Hände auf das Seil.
- Auch wenn es Sie drängt, die Stelle zügig zu überwinden: Bewegen Sie sich bedächtig, mit ruhigen Bewegungen und werden Sie nicht schneller.

Ungesicherte Felspassagen

Je höher Sie sich bei Ihrer Bergwanderung hinauf wagen, desto größer wird die Wahrscheinlichkeit, nicht nur auf mit Gras bewachsene, waldige oder mit kleineren Steinen durchsetzte Abschnitte zu treffen, sondern zunehmend auf geneigte, felsige Passagen. Manchmal sind diese Passagen – wie bereits oben beschrieben – mit Seilen abgesichert, manchmal nicht. Bei ungesicherten, geneigten Passagen müssen Sie also »kraxeln«.

Was tun?
- Beim Bergaufkraxeln bleiben Sie meistens mit dem Oberkörper zur Wand gerichtet. Der Körperschwerpunkt wird bei jedem Trittwechsel über das jeweilige Standbein verlagert. Die Füße können – je nach Gelände und Haftung auf dem Untergrund – unterschiedlich aufgesetzt werden.

Bei griffigem und hartem Untergrund können Sie den Schuh mit der ganzen Sohle belasten. Wenn sich ausreichend große Trittmöglichkeiten anbieten, können Sie den Fuß mit der Spitze oder den Leisten aufsetzen.

- Beim Absteigen kann je nach Können und Gelände zwischen drei verschiedenen Arten gewählt werden:
  1.) Vorwärts, also mit dem Gesicht zum Tal. Diese Art des Absteigens ermöglicht Ihnen zum einen eine bessere Sicht auf die folgenden Tritte und

Wenn sich ausreichend große Trittmöglichkeiten anbieten, können Sie den Fuß mit der Spitze oder den Leisten aufsetzen.

Bei griffigem und hartem Untergrund können Sie den Schuh mit der der ganzen Sohle belasten.

Griffe, kann aber zum anderen durch den freien Blick ins Tal verstärkt Angst auslösen. Wenn das Gelände diese Art des Abstiegs erfordert, dann richten Sie Ihren Blick ganz besonders fest auf die jeweils nächsten Griffe und Tritte. Vergessen Sie nicht zu atmen und vermeiden Sie, »ins Nichts« zu blicken.

Vorwärts absteigen

2.) Rückwärts, also mit dem Gesäß zum Tal. Bei dieser Art des Abstiegs haben Sie vielleicht den Eindruck, sich besser festhalten zu können, und Ihre Augen haben permanent feststehende und kontrastreiche Objekte, um sich orientieren zu können. Dafür kann es sein, dass Sie zeitweilig weniger gut sehen, wohin Sie treten. Lassen Sie sich bei dieser Art des Abstiegs viel Zeit beim Aufspüren von sicheren Tritten.

Rückwärts absteigen

3.) Seitliches Absteigen bietet Ihnen meistens mehr Bewegungsfreiheit, allerdings findet Ihr Blick zumindest nach einer Seite hin keine feststehenden Objekte und wenn Sie Ihre Blickrichtung nicht kontrollieren, kann Höhenschwindel auftreten.

• Egal, wie herum Sie kraxeln: Ihr Körperschwerpunkt sollte stets so nah wie möglich am Fels bleiben, auch wenn dieser nur leicht schräg und nicht senkrecht ist. Wenn es Ihnen hilft, können Sie sich auch hinsetzen und ausruhen, bevor Sie den nächsten Schritt unternehmen. Lenken Sie dabei Ihren Blick bewusst auf feststehende, kontrastreiche Objekte in unmittelbarer Nähe.

Seitlich absteigen

- Beim Aufsteigen und beim Absteigen können Sie Ihre Aufmerksamkeit darauf lenken, stets an drei Punkten mit der Wand in Verbindung zu sein: entweder mit beiden Händen und einem Fuß oder mit beiden Füßen und einer Hand. Vor jedem folgenden Fuß- oder Handwechsel haben Sie für einen Moment lang beide Händen und beide Füße an der Wand.

- Eine weitere Möglichkeit der Aufmerksamkeitssteuerung ist: »Schauen – Steigen – Greifen.« Zuerst schauen Sie, wo Sie Ihren Fuß hinstellen können oder wo Sie mit der Hand greifen können. Als nächstes platzieren Sie Ihren Fuß und erst dann folgt der nächste Griff mit den Händen. Zum einen verhindert diese nicht ganz einfach umzusetzende Bewegungsaufgabe, dass Sie an andere, möglicherweise blockierende Dinge denken. Zum anderen führt diese Übung zu einer besseren Steigtechnik, weil Sie die Füße einsetzen, anstatt sich vorwiegend mit den Händen nach oben zu ziehen.

- Variieren Sie bei einer Kraxelei die Trittposition Ihrer Füße. Manche Tritte können Sie im spitzen Winkel mit den Fußspitzen treten, andere bieten Ihnen mehr Halt, wenn Sie den Fuß seitlich oder mit der ganzen Sohle aufsetzen.

- Gehen Sie kein Risiko ein. Vor allem, wenn die vor Ihnen liegende Passage tatsächlich gefährlich ist oder Sie alleine unterwegs sind. Brechen Sie die Tour ab und drehen Sie um. Sammeln Sie an einfacheren Stellen Erfahrungen, bevor Sie sich Situationen aussetzen, denen Sie vielleicht nicht gewachsen sind.

Sessellifte und Gondelbahnen

Sessellifte und Seilbahnen können bei manchen Menschen Angst auslösen. Auch hierbei kann Schwindel eine bedeutend Rolle spielen. Doch der Schwindel, der einen bei einer Gondel- oder Sesselliftfahrt befallen kann, hat wenig mit Höhenschwindel zu tun. Er kann vielmehr mit der »Reisekrankheit« in Verbindung gebracht werden, auch wenn die »Reise« mit der Seilbahn nur wenige Minuten dauert und nicht – wie im Falle einer Schiffsreise oder einer Busfahrt – mehrere Stunden bis Tage. Die Reisekrankheit wird durch ungewohnte bzw. unerwartete Bewegungen (Schweben und Schwanken) sowie durch widersprüchliche Sinnesmeldungen (Schwanken trotz sicherem Sitzen oder festem Stand und ungewohntem Tiefblick) ausgelöst. Den nun einsetzenden Prozess kennen Sie bereits aus den vorangegangenen Kapiteln: Der Körper registriert mehrere Bedrohungen (Schwanken und Höhe) und kann daraufhin mit den typischen physiologischen Auswirkungen von Angst reagieren **(Karte 1-4)**.

Was tun?

- Die wichtigsten Mittel zur Angstkontrolle sind (wie immer) Atmung, Muskelentspannung und Blicklenkung. Atmen Sie tief und ruhig ein und aus, entspannen Sie Ihre Muskulatur.

- Lenken Sie Ihren Blick auf mögliche Fixpunkte außerhalb des Sessellifts oder der Gondel. Diese sollten nicht zu weit

Beim Sessellift- und Gondelfahren wird der Körper widersprüchlichen Sinneswahrnehmungen ausgesetzt, die Schwindelgefühle auslösen können.

entfernt sein. Anders als beim Höhenschwindel geht es hier nicht darum, dem Auge überhaupt Orientierungspunkte zu bieten. Solche sind in einer Gondel oder im Lift leicht zu finden. Vielmehr geht es darum, den Augen einen Fixpunkt außerhalb des schwankenden Gefährts zu bieten, der »fest steht« und nicht ebenfalls schwankt. Dadurch kann der Körper die widersprüchlichen Sinnesreize besser einordnen.

- Eine Fahrt mit einem modernen, schwingungsreduziertem Sessellift wird in der Regel als problemloser empfunden als eine Fahrt mit einem älteren, stark schwankenden Liftmodell. Um sich an Fahrten mit Sesselliften zu gewöhnen, sollten Sie ein Ski- oder Wandergebiet mit modernen Liftanlagen wählen.

Stege und Brücken (Karte 7)

Schmale Stege, Brücken oder mehr oder weniger vertrauenswürdig anmutende, moosige Holzbohlen können vom Körper gleich in mehrfacher Hinsicht als Bedrohung empfunden werden. Stege und Brücken sind häufig schmal und nicht fest und stabil verankert. Moosige Beläge stellen eine erhöhte Rutschgefahr dar. Beim Begehen eines Steges oder einer Brücke erblickt man unter sich entweder einen Abgrund (Absturzgefahr) oder strömendes Wasser. Weil sich die Augen vorwiegend an feststehenden Objekten orientieren, kann die Wahrnehmung von strömendem Wasser Schwindel auslösen. Die weiteren Folgen sind mit denen des Höhenschwindels vergleichbar: Der Körper beginnt unmerklich zu schwanken, interpretiert dieses Schwanken als zusätz-

Der Blick auf strömendes Wasser von einer Brücke kann Schwindel auslösen.

liche Bedrohung und reagiert mit den physiologischen Auswirkungen von Angst: Der Atem stockt, die Körperhaltung verändert sich, die Sinne fixieren den Angstauslöser, die Blockade verstärkt sich und über kurz oder lang werden Brücken und Stege von vorneherein als »gefährlich« eingestuft.

Was tun?

- Richten Sie Ihren Blick schon vor dem Betreten der Brücke oder des Steges auf das gegenüberliegende Ende.
- Machen Sie kleine Schritte und werden Sie beim Gehen nicht schneller.
- Zögern Sie nicht zu lange, bevor Sie die Brücke oder den Steg betreten. Prüfen

Sie, ob das Risiko der Überquerung tragbar ist, und wenn ja, zählen Sie bis drei und starten Sie.
- Regulieren Sie Ihre Nervosität oder Angst durch eine bewusst ruhige und tiefe Atmung und durch die Blicklenkung.

»Entschlossen angehen oder entschlossen sein lassen«

Wenn Sie sich in einer beängstigenden Situation befinden und zögernd zwischen hin und weg oder vor und zurück schwanken, machen Sie zuerst einmal eine Pause. Dabei geben Sie Ihrem Körper die Möglichkeit, sich zu erholen und sein natürliches Gleichgewicht wenigstens annähernd wiederherzustellen. Wenn möglich entfernen Sie sich räumlich von der bedrohlichen Situation. Vielleicht können Sie einige Schritte abseits gehen oder sich zumindest von dem wegdrehen, was ihre Angst auslöst. Versuchen Sie Ihre Muskulatur zu entspannen, atmen Sie tief ein und aus. Wenn Sie nach einigen Minuten spüren, dass Ihre Angst etwas nachlässt und Sie wieder etwas besser denken und reagieren können, schätzen Sie das vor Ihnen liegende Risiko bewusst ab. Wenn Sie glauben, die Herausforderung bestehen zu können, dann zögern Sie nicht allzu lange. Bereiten Sie sich konzentriert vor, fokussieren Sie die Herausforderung, atmen Sie tief ein, zählen Sie bis drei und dann los! Entschlossen angehen oder entschlossen sein lassen: Beides ist sehr mutig!

Meisterbare Herausforderungen entschlossen angehen bedeutet: Nicht zu lange zögern, tief Luft holen, auf das gegenüberliegende Ende der Brücke konzentrieren, eins, zwei, drei und los!

Menschen sind keine Eichhörnchen – und nicht jeder muss an derartigen Herausforderungen Spaß haben.

Rat und Tat für Angst auslösende Situationen beim (Sport-)Klettern und auf Klettersteigen

Menschen sind keine Eichhörnchen

Unwohlsein, Nervosität, Unlust oder Angst bis hin zur Panik kann bei Menschen, die klettern oder Klettersteige gehen, häufig auftreten. Die meisten Betroffenen sprechen dann von ihrer »Höhenangst«. Dabei handelt es sich bei Aktivitäten in Geländeformen dieser Art eher um die ganz normale und absolut verständliche Angst vor dem (Ab-)Stürzen. Menschen sind nun mal keine Eichhörnchen und empfinden schon eine geringe Höhe reflexartig erst einmal als bedrohlich.

Sturzangst ist eine ganz normale Reaktion

Beim Klettern in einer der immer zahlreicher werdenden Kletterhallen, in einem ausgewiesenen und bereits mit Bohrhaken und Sicherungsfixpunkten versehenen Sportklettergebiet oder auf einem mit Seilen, Leitern und Eisentritten versehenen Klettersteig finden die Augen seitlich meistens genügend feststehende und kontrastreiche Punkte, die den Körper beim Finden und Stabilisieren seiner Position unterstützen. Höhenschwindel spielt daher als zusätzlicher Angstauslöser eine untergeordnete Rolle. Vielmehr kann die Angst durch die (ungewohnten) Blicke in die Tiefe (die ebenfalls Schwindel auslösen

können) und die vollkommen natürliche Reaktion des Körpers auf das Überschreiten einer gewissen Höhe ausgelöst werden. Schon ein Absturz aus geringer Höhe ist ohne Zweifel bedrohlich und kann schlimmstenfalls zum Tod führen. Warum also sollte ein Mensch, der wenig Erfahrung (oder bislang unangenehme Erfahrungen) beim Klettern oder Klettersteiggehen gesammelt hat, keine Angst haben? Die meisten »Höhenängstlichen« wissen gar nicht, dass es durchaus mehrere Jahre dauern kann, bis sich der Körper an reflexartig als bedrohlich eingestufte Situationen gewöhnt hat, und dass es unzählige positive Erfahrungen braucht, ein gewisses Maß an Selbstsicherheit beim Klettern oder auf Klettersteigen zu erlangen.

Aller Anfang ist schwer

Es kommt sehr häufig vor, dass sich Menschen beim Klettern oder auf Klettersteigen von Anfang an überfordern: Sie beginnen mit zu schweren Routen, manchmal ohne fachlich kompetente Einführung in Technik, Taktik und Material, oder sie wollen zu schnell Fortschritte machen. Wenn der Körper bei einer solchen, bereits »von Natur aus« bedrohlichen Herausforderung dann unangenehme oder gar schmerzhafte Erfahrungen macht, wird sich die Angst vor künftigen Kletterpartien verstärken und im schlimmsten Fall automatisieren. Gerade bei Aktivitäten, bei denen die Sicherheit zum Großteil vom technischen Können, der richtigen Materialhandhabung, Erfahrung und einer guten Kondition abhängt, sollten Sie sich genügen Zeit lassen, um Erfahrungen zu sammeln und geduldig mit sich selber umgehen.

Kletter- und Sicherungstechniken lernen

Besuchen Sie Grund- und Aufbaukurse bei qualifizierten Anbietern, die nach modernen Methoden ausbilden. So lernen Sie die Techniken und den korrekten Umgang mit dem Material von Anfang an richtig.

Herausforderungen langsam steigern

Bis Sie sich beim Klettern einigermaßen sicher fühlen, kann das selbst bei zwei Übungseinheiten pro Woche durchaus ein dreiviertel Jahr oder länger dauern. Nachdem Sie das Begehen von Klettersteigen nur zu einer begrenzten Zeit im Jahr üben können, können Sie bei dieser Aktivität noch mehr Zeit einplanen, um an Sicherheit zu gewinnen. Schätzen Sie einmal, wie lange es dauert, bis jemand eine anspruchsvolle Sportart wie Klettern oder Mountainbiken virtuos beherrscht? Das dauert rund 20 Jahre. Seinen Sie also geduldig mit sich selbst und Ihren Begleitern: Es ist noch kein Meister von Himmel gefallen – von Bergen herunter indessen schon öfter …

Umgang mit schlechten Erfahrungen

Wenn Sie bereits schlechte Erfahrungen beim Klettern oder Klettersteiggehen gemacht haben, empfiehlt es sich, wieder ganz neu anzufangen. Sie können sich das mit den schlechten Erfahrungen vereinfacht etwa so vorstellen: Wenn Ihr Körper eine sehr unangenehme oder schmerzhafte Erfahrung macht, wird er in Zukunft versuchen, solche oder ähnliche Erfahrungen zu vermeiden. Er reagiert dann mit erhöhter Nervosität oder Angst auf vergleichbare Herausforderungen. Dadurch verändern sich Muskelspannung, Körperhaltung und Atmung und das, was Sie befürchtet haben, nämlich dass Sie diese Situation erneut nicht bewältigen können, tritt tatsächlich ein. Dadurch wird die bisherige Erinnerung an eine potenziell bedrohliche Situation bestätigt. In Zukunft wird Ihr Köper also noch stärker versuchen, Sie vor vergleichbaren Situationen »zu retten«, was Ihnen weitere positive Erfahrungen erschweren wird. Positive Erfahrungen aber sind die Grundvoraussetzung allen Lernens.

Um diesen Teufelskreis zu durchbrechen, müssen Sie also neue, angenehme Erfahrungen machen. Das bedeutet, sich eine ganze Weile in erster Linie leichte, angenehme und meisterbare Herausforderungen zu suchen. Nur so können sich neue Wahrnehmungs- und Handlungsmuster bilden und bisherige Reaktions- und Handlungsmuster auf als bedrohlich wahrgenommene Situationen verblassen.

Umgang mit akuter Angst

Der Umgang mit akuter Angst beim Klettern oder Klettersteiggehen unterscheidet sich kaum von den bisherigen Empfehlungen: Atmen, Körperhaltung kontrollieren, Blick- und Aufmerksamkeitssteuerung.

Um Ihre Angst beim Klettern abzubauen, brauchen Sie viel Übung, passende und meisterbare Herausforderungen und vor allem Spaß an der Sache!

- Atmen Sie tief, ruhig und langsam, möglichst schon bevor Sie an eine Schlüsselstelle kommen **(Karte 2)**.
- Achten Sie auf Ihre Muskelspannung und Körperhaltung. Auch wenn es fast unmöglich scheint: »Tun Sie so, als ob« Sie Mut und Selbstvertrauen hätten, und nehmen Sie die entsprechende Körperhaltung ein **(Karte 4)**.
- Richten Sie Ihren Blick dorthin, wo es hingehen soll. Schauen Sie nicht dahin, wo Ihre Angst begründet ist **(Karte 3)**.
- Wenn die Angst übermächtig zu werden droht, machen Sie – soweit möglich – eine Pause. Nutzen Sie diese, um sich auf Ihre Atmung zu konzentrieren und Ihre Muskulatur zu lockern **(Karte 2–5)**.
- Die sogenannte »Nähmaschine«, also das unkontrollierbare Zittern Ihrer Ex-

tremitäten, ist eine normale physiologische Begleiterscheinung von Angst oder Erschöpfung oder einer zu starken Anspannung. Es gibt zwei Methoden, das Zittern zu stoppen: Erstens über eine ausreichende Sauerstoffversorgung der Muskulatur durch tiefe und kräftige Atemzüge. Zweitens können Sie die betroffene Muskelgruppe für einige Sekunden entweder bewusst anspannen (z. B.: den Fuß fest aufsetzen oder mit den Händen stark zugreifen) oder dehnen (z.B.: am Tritt die Ferse absenken). Dabei wird der Muskelspindelreflex aktiviert. Das ist ein Regulationsmechanismus des Körpers, der unter anderem für die Einstellung und Aufrechterhaltung einer konstanten Muskelspannung zuständig ist.

Um die »Nähmaschine« in den Waden zu stoppen, können Sie Ihre Ferse für ein paar Sekunden lang bewusst nach unten drücken, um den Muskel zu dehnen.

Um blockierende Gedankengänge zu verhindern, können Sie eine der folgenden Methoden der Aufmerksamkeitssteuerung einsetzen:

- Aufmerksamkeit auf die Atmung
- Aufmerksamkeit auf »Drei Punkte an der Wand«
- Aufmerksamkeit auf »Schauen – Steigen – Greifen«
- Aufmerksamkeit auf sinnvolle Selbstanweisungen
- Aufmerksamkeit auf »da, wo es hingehen soll«.

Sorgen Sie für die entsprechende konditionelle und technische Vorbereitung, bevor Sie sich ins Gelände begeben. Machen Sie sich bewusst, dass Klettern im Freien und das Begehen von Klettersteigen eine völlig andere Erfahrung ist als das Klettern in einer Halle. Für Ihre ersten Outdoor-Erfahrungen sollten Sie sich unbedingt ausgesprochen einfache Klettergärten oder Klettersteige suchen, sich keinesfalls selbst überschätzen oder anderen zuliebe Routen begehen, die eindeutig zu schwer für Sie sind.

Wenn Sie bei Ihrer Kletterei – vor allem im Freien – Sicherheitsmängel feststellen, die sich nicht umgehend und befriedigend beheben lassen – wie z. B. loses Gestein, verrottete Sicherungs- und Steighilfen, unzuverlässige Sicherungspartner etc. – brechen Sie Ihr Vorhaben ab.

Seien Sie auf der Hut vor Selbstüberschätzung. Die Überschätzung des eigenen technischen und taktischen Könnens, der Kondition und der Materialhandhabung sind die Hauptursache für Unfälle und Todesfälle, die

selbst noch »alte Hasen« Kopf und Kragen kosten können.

Rat und Tat für Angst auslösende Situationen beim Mountainbiken

Mountainbiken macht Spaß! Trotzdem gehören Angstsituationen beim Mountainbiken, für Frauen genauso wie für Männer, häufig zum Alltag. Und gerade das kann den Spaß daran leicht verderben. Zu hohe Anforderungen an sich selbst, die Angst davor, bei bergauf, bergab oder darüber zu versagen, Unzufriedenheit und Zweifel können Lust und Laune auf Tour gelegentlich gründlich verderben. Mountainbiken stellt – ebenso wie Klettern und Skifahren – sehr hohe Anforderungen an Kondition, Koordination und Erfahrung. Für Angst beim Mountainbiken gibt es demnach zwei Hauptursachen: mangelnde konditionelle Voraussetzungen, die zu Erschöpfung führen können, sowie unzureichendes technisches und taktisches Können für das gewählte Gelände, nicht selten aufgrund von Selbstüberschätzung oder weil man etwas anderen zuliebe tut. Diese Mängel können sehr schnell zu wirklich bedrohlichen Situationen führen, in denen der Körper vollkommen berechtigt mit Angst reagiert.

Eine dritte, sehr häufige Ursache für Angst (nicht nur!) beim Mountainbiken liegt »im Mentalen«. Negative und zweifelnde Einstellungen und Denkweisen sich selbst und anderen gegenüber können physiologische Stressreaktionen auslösen. Stress setzt die Angstschwelle herunter und lässt Menschen in bestimmten Situationen schneller mit Angst reagieren. Um mit Ängsten beim Mountainbiken anders umgehen zu können als bisher, sollten Sie wissen, in welchen Situationen Ihr Körper mit Angst reagiert und wie sich das auswirken kann.

Höhenangst und Höhenschwindel

Ebenso wie Bergwanderer fühlen sich manche Mountainbiker in bestimmten Geländeformen unwohl und klagen über Höhenangst. Kein Wunder! Auf einer oder auf beiden Seite fällt das Gelände steil ab und die Augen finden keine oder nur wenige feststehende und kontrastreiche Objekte zur Orientierung. Anders als

beim Gehen bieten die Tastzellen der Füße und Hände dem Körper keine Unterstützung beim Finden und Halten des Gleichgewichts. Stattdessen findet er sich auf einem je nach Erfahrung mehr oder weniger unberechenbaren und schwankenden Eisenpferdchen wieder, das mit hoher Präzision und Konzentration gelenkt werden möchte. Das Schwanken verstärkt den Eindruck der Bedrohung und schon ist sie da: die Angst.

Was tun?

- Richten Sie Ihren Blick auf schmalen, ausgesetzten Wegen auf den bergseitig gelegenen Wegrand vor Ihnen. Blicken Sie dahin, wo Sie hinfahren möchten, und nicht dahin, wo Sie hinunterstürzen könnten **(Karte 3)**.
- Vergessen Sie nicht zu atmen **(Karte 2)**.

Einseitig ausgesetzte Trails und Wege können auch bei Mountainbikern Höhenschwindel und Ängste auslösen.

- Absteigen, Gehen und Schieben sind im Zweifelsfall allemal sicherer: Ihre Füße finden Halt und können das Gleichgewichtsgefühl unterstützen. Ihre eigene Sicherheit sollte Ihnen mehr wert sein als das, was andere eventuell denken könnten.
- Üben Sie das sichere Befahren von schmalen und holprigen Pfaden in einfachem Gelände, bevor Sie sich in ausgesetztes Gelände begeben.

Müdigkeit und Erschöpfung

Insbesondere bei Sportarten, die sehr hohe Anforderung an Konzentration und Koordination stellen, können Müdigkeit und Erschöpfung die Entstehung von Angstgefühlen begünstigen. Die Fähigkeit, sich stark auf etwas konzentrieren zu können, ist zeitlich auf etwa 15 bis 20 Minuten begrenzt. Längere Abfahrten in anspruchsvollem Gelände können demnach eine Überforderung darstellen. Aber nicht nur die Konzentration lässt mit der Zeit nach, auch ihre körperlichen Reserven an Kraft, Ausdauer, Beweglichkeit, Reaktionsschnelligkeit und Koordinationsfähigkeit sind früher oder später aufgebraucht. Je anspruchsvoller die Tour, desto eher. Ihr Körper registriert sehr genau, ab wann Konzentration, Kondition und technisches Potenzial nicht mehr ausreichen, und sendet Warnzeichen wie Ermüdung, Schmerzen oder Unlust. Ignorieren Sie diese Warnzeichen, könnte es sein, dass Ihr Körper – bildlich gesprochen – zu härteren Mitteln greift, um Sie zu stoppen, und mit Angst reagiert.

Was tun?
- Wählen Sie Strecken, Touren und Routen Ihrem persönlichen Leistungsvermögen entsprechend aus. Sollte dieses – konditionell oder technisch – nicht ausreichen, dann trainieren Sie entsprechend und besuchen Sie Kurse, um die erforderlichen Fertigkeiten zu lernen. Denken Sie daran: Selbstüberschätzung ist die häufigste Ursache von Sportunfällen.
- Machen Sie genügend Pausen, in denen Sie sich ausruhen und Ihre Reserven durch Trinken und leichtverdauliche Snacks auffüllen.
- Bedenken Sie, dass nach einer anstrengenden Auffahrt meistens eine Abfahrt folgt. Wenn Sie sich beim Bergauffahren bereits heftig verausgabt haben und sich vor einer technisch anspruchsvollen Abfahrt nicht genügend Erholungszeit gönnen, haben Sie vermutlich mit den Auswirkungen von Konzentrations- und Koordinationsproblemen zu kämpfen, die wiederum die Entstehung von Angstgefühlen begünstigen können.

Mithaltenwollen bei unterschiedlichen konditionellen Voraussetzungen

Mountainbiken kostet Kraft. Das werden vor allem jene Biker bestätigen, die sich ihre Abfahrten selbst erobern anstatt Bergbahnen zu nutzen. Aber auch das Bergabfahren kostet Kraft, nicht nur beim Bremsen, sondern auch beim Steuern, Reagieren, Ausbalancieren und beim Überwinden von Hindernissen. Wenn in einer

Gruppe Menschen mit verschiedenen Leistungsstärken gemeinsam unterwegs sind, kann das manchmal Stress auslösen und schneller zu Erschöpfung führen. Für den größeren Teil konditionell schwächerer Biker aber führen der Wunsch und Versuch, mithalten zu wollen, häufig zu Frustration, Selbstzweifeln und vor allem schneller zu Müdigkeit und Erschöpfung.

Die Erfahrung, »nicht mithalten« zu können, kann außerdem zu einer Abnahme von Selbstvertrauen und Selbstsicherheit sowie zu gesteigerten Selbstzweifeln führen, was wiederum die Angstschwelle herabsetzen oder zur Selbstüberschätzung verleiten kann.

Was tun?

- Bei Biketouren mit unterschiedlich starken Teilnehmern sollte vorher angesprochen werden, wie mit unterschiedlicher Leistungsfähigkeit umgegangen wird: Wo wird gewartet, wo sind Treffpunkte, wer bleibt bei wem und wie kann man die anderen in Notfällen erreichen?
- Als weniger trainierter Sportpartner gestehen Sie sich zu, dass ein eventuell größer werdender Abstand zu den Vorausfahrenden naturgegeben ist, und bleiben Sie bei Ihrem Tempo.
- Als konditionell Stärkerer zeigen Sie Verständnis für die Unterschiede bei Kraft und Ausdauer und sorgen auch Ihrerseits für klare Abmachungen: Entweder entschließen Sie sich freiwillig für eine gemeinsame Tour oder sie toben sich anderweitig aus und nutzen die Tour mit konditionell weniger starken Gefährten als regenerative Runde.
- Vergleichen Sie sich nicht mit anderen Menschen, orientieren Sie sich stattdessen an Ihren persönlichen Stärken und Erfolgen. Sich selbst im Vergleich mit anderen Menschen abzuwerten, schadet Ihrem Selbstbewusstsein. Und geringes Selbstbewusstsein kann häufig dazu verleiten, sich selbst zu überschätzen.

Umgang mit akuter Angst

- Tiefe, regelmäßige und kräftige Atemzüge sind auch hier wieder die erste Notfallmaßnahme und eine maßgebliche Voraussetzung für optimale Leistungsfähigkeit (**Karte 2**). Vor allem beim Bergabfahren in technisch anspruchsvollem Gelände verändert sich bei vielen Bikern aufgrund leichter Unsicherheit, Spannung oder aus Angst die Atemfrequenz und die Tiefe der Atemzüge. Dadurch werden Muskulatur und Gehirn nicht mehr optimal mit Sauerstoff versorgt, Koordination, Konzentration und Kontraktionsfähigkeit der Muskulatur lassen nach.
- Beim Befahren von anspruchsvollen Wegstrecken lohnt es sich ganz besonders, den Blick konzentriert dahin zu richten, wo es hingegen soll (**Karte 3**). Häufig berichten Mountainbiker, dass sie immer genau auf den Stein fahren oder an der Wurzel hängen bleiben, die sie eigentlich vermeiden wollten. Warum? Weil sie in der Absicht, dieses Objekt zu umfahren, ihren Blick darauf gerich-

tet haben. Eine ungünstige Wahl, weil der Körper in der Vorbereitung seiner Bewegungen der Blickrichtung folgt. Nutzen Sie also insbesondere bei anspruchsvollen Passagen die Fähigkeit Ihres Gehirns zur Antizipation, also zur mentalen Vorwegnahme eines künftigen Bewegungsablaufes. Indem Sie Ihre Augen flüssig über das vor Ihnen liegende Gelände laufen lassen, erleichtern Sie Ihrem Gehirn, die an den voraus liegenden Stellen erforderlichen Bewegungsmuster vorzubereiten. Erlauben Sie stattdessen Ihrem Blick, an einer bedrohlich erscheinenden Stelle zu verharren, werden Sie mit großer Wahrscheinlichkeit genau dort landen.

· Um blockierende Gedankengänge zu verhindern, können Sie eine der folgenden Methoden der Aufmerksamkeitssteuerung einsetzen **(Karte 2–5)**:
1. Aufmerksamkeit auf die Atmung
2. Aufmerksamkeit auf »Blick voraus«
3. Aufmerksamkeit auf sinnvolle Selbstanweisungen.

· Sorgen Sie für eine entsprechende konditionelle und technische Vorbereitung, bevor Sie sich ins Gelände begeben. Machen Sie sich bewusst, dass Mountainbiken etwas Anderes ist als Fahrradfahren, wie Sie es von Kind auf kennen. Viele Menschen sagen: »Fahrradfahren? Das kann ich!« und müssen dann feststellen, dass sie sich mit dem Fahrrad plötzlich in Geländeformen wiederfinden, in denen sie sich nicht einmal zu Fuß besonders sicher fühlen würden.

Rat und Tat für Angst auslösende Situationen beim Schneesport

Selbst ich als ehemalige Profi-Schneesportlerin kenne das unangenehme, bedrohliche Gefühl, das einen gelegentlich in der verschneiten Bergwelt überfallen kann. Schwierige, steile oder vereiste Pisten machen mir keine Angst. Aber nur deshalb, weil ich über dreißig Jahre lang Erfahrung sammeln konnte und durch enorm viel Training über ein hohes technisches Fahrvermögen verfüge. Wären mir diese Voraussetzungen nicht gegeben, würde auch ich – wie viele andere Menschen mit etwas weniger Erfahrung im Schnee oder auf einem bestimmten Sportgerät – in ungewohnten Situationen mit Unsicherheit und Angst reagieren.

Bei Schneeschuhwanderungen oder bei Skitouren in ungespurtem Gelände indes überkommt mich häufig ein beunruhigendes Gefühl von Unsicherheit. Diese Empfindungen sind berechtigt und werden leider viel zu oft ignoriert: Viele meiner ehemaligen (und teilweise sehr erfahrenen) Kollegen aus Snowboardtagen wurden in den letzten Jahren Opfer von alpinen Unfällen. Für jemanden, der Tipps für den Umgang mit seiner Angst bei Skitouren oder beim Schneesport sucht, mögen diese Zeilen befremdlich scheinen. Ich schreibe sie dennoch und verwende dabei ernste Worte, um Sie darin zu bestärken, die Anzeichen von Angst rechtzeitig wahr- und ernstzunehmen und die notwendigen Schritte für ein bewusstes Risikomanagement durchzuführen. Hat die Angst Sie erst einmal im Griff, können die typischen körperlichen Auswirkungen das Denk- und Leistungsvermögen blockieren und funktionsunfähig machen. Dann kann ein bewusstes und vernünftiges Abwägen des tatsächlich bestehenden Risikos äußerst schwierig werden.

Auch an dieser Stelle werde ich nicht auf technische, konditionelle und materialtechnische Besonderheiten eingehen. Denn dazu gibt es gute Literatur und ein breites Angebot an Kursen und Ausbildungen, in denen sich die Grundlagen der jeweiligen Sportart erlernen, festigen und weiterentwickeln lassen. Adressen und Empfehlungen finden Sie im Anhang. Dennoch möchte ich auf einige Aspekte eingehen, die Ihnen helfen können, ihre Angst besser zu verstehen und künftig anders damit umzugehen.

Gut Ding will Weile haben

Skifahren und Skitourengehen sind Aktivitäten, die hohe Herausforderungen an Erfahrung, Kondition und Koordinationsfähigkeit stellen. Daneben spielen eine Vielzahl äußerer Faktoren wie Wetter- und Schneeverhältnisse, Material, andere Menschen und nicht zuletzt Ihre Tagesform eine wichtige Rolle. Also müssen Sie, um im Laufe der Jahre (!) sicherer zu werden, mit viel Geduld, viel Übung, viel Spaß und vielen Erfolgserlebnisse stetig und beharrlich Erfahrungen sammeln.

Körperschwerpunkt und Druckmittelpunkt

Die durch Angst veränderte Körperhaltung spielt bei der Entstehung und dem Umgang

mit Angst beim Schneesport eine sehr wichtige Rolle. Wenn Sie fit, leistungsbereit und zuversichtlich sind, befindet sich Ihr Körperschwerpunkt in der Regel über dem Bindungsmittelpunkt. Dieser entspricht meistens dem Druckmittelpunkt der Ski oder des Snowboards. Wenn Sie auf Ihren Ski oder dem Board unsicher oder ängstlich sind, Ihr Selbstvertrauen verlieren und zu zweifeln beginnen, lehnen Sie sich nach hinten. Dadurch verschiebt sich der Körperschwerpunkt hinter den Druckmittelpunkt der Ski oder des Boards. Umgehend verändern sich Dreh- und Kurvenverhalten Ihres Sportgerätes, ebenso die Druckverteilung auf die Kanten Ihrer Ski beim Gehen und Steigen.

Wenn Sie mit nach hinten verschobenem Körperschwerpunkt in eine vereiste Piste einfahren, lassen sich Ihre Ski schwieriger steuern und der Kantengriff nimmt ab. Dasselbe kann passieren, wenn Sie bei einer Skitour mit nach hinten verschobenem Körperschwerpunkt über ein harschiges, steil abfallendes Schneefeld gehen. Auch bei steilen Abfahrten kann Ihnen ein nach hinten verschobener Körperschwerpunkt zum Verhängnis werden: Ihre Ski oder das Board werden aufgrund der verminderten Auflagefläche zunehmend schneller und lassen sich nicht mehr optimal steuern. Daraufhin nimmt Ihre Angst weiter zu, Sie weichen noch stärker nach hinten aus, die Bretter werden zunehmend schneller und unkontrollierbarer.

Blicklenkung und Antizipation

Wie bei fast allen Bewegungsformen, bei denen Sie sich mit mittlerer oder hoher

Bei Angst verschiebt sich der Körperschwerpunkt hinter den Boardmittelpunkt. Das Board wird schneller und ist schwerer zu kontrollieren.

Geschwindigkeit fortbewegen, spielt auch beim Schneesport der Blick eine bedeutende Rolle. Wenn Sie ihren Blick voraus dorthin richten, wo sie hin möchten (anstatt auf das, was sie vermeiden möchten), unterstützen Sie Ihr Gehirn bei der Vorbereitung der erforderlichen Bewegungsimpulse. Ihre Fahrt wird flüssiger und sicherer **(Karte 3)**.

Höhenschwindel

Bei Touren oberhalb der Baumgrenze besteht ein erhöhtes Risiko von Höhenschwindel, weil Ihre Augen dort zu wenig oder keine feststehenden oder kontrastreichen Objekte zur Lagestabilisierung und Orientierung mehr finden. Der Traum vieler Skifahrer, nämlich weite, unberührte Hänge, blauer Himmel, ein

Meer von Berggipfeln und Freiheit, soweit das Auge reicht, kann bei manchen Menschen heftige Unwohlgefühle auslösen, die sich bis zu panikartigen Angstzuständen mit Hyperventilation und völliger Erstarrung ausweiten können. Wenn Sie den Eindruck haben, Höhenschwindel könnte bei der Entstehung Ihrer Angst im Schnee eine Rolle spielen, sollten Sie besonders wachsam sein, weil sich insbesondere im Winter oberhalb der Baumgrenze kaum mehr Objekte finden, an denen sich Ihr Körper über das periphere Sichtfeld orientieren kann. So bleibt Ihnen als Ausweg nur noch, sich beim Gehen und beim Abfahren ganz stark auf die Spur oder die Ski und Schuhe eines vorausgehenden Sportkameraden zu konzentrieren.

Vertrauen unter Bergsportkameraden

Sich auf die Ski oder Schuhe des Vorangehenden zu konzentrieren, kann nur dann funktionieren, wenn Sie nicht alleine unterwegs sind (Karte 3). Und wenn Ihr Begleiter so zuverlässig, sicher und erfahren ist, dass Sie sich voll und ganz auf ihn verlassen können. Können Sie das nicht, wird sich Ihre Unsicherheit umso mehr verstärken und die Angst zunehmen. Was wiederum Rückschlüsse auf einen weiteren Angst auslösenden Umstand ziehen lässt: Sich nicht oder nur bedingt auf seine Begleiter verlassen zu können, kann vom Körper in beinahe jeder Outdoor-Sportart als bedeutendes Sicherheitsrisiko gewertet werden und entsprechende Unsicherheit oder Angst auslösen.

Rat und Tat für Angst auslösende Situationen in der Stadt

»Die Angst vor der Angst«

Höhenangst, Sturzangst und durch schwankende Untergründe ausgelöster Schwindel kommen nicht nur in den Bergen vor. Aussichtsplattformen, Brücken, Kirchtürme, Leitern oder Gittertreppen können bei Menschen aller Altersstufen auch mitten in einer Stadt Angst auslösen. Und nachdem die Angst vor diesen alltäglichen Objekten für viele Menschen ganz und gar

nicht nachvollziehbar ist, kann dann auch noch Scham hinzukommen. Selbst wenn die Angst anfangs nicht so stark ist: Wiederholtes Erleben von Angst mit oder ohne Scham verstärkt im Körper jedes Mal den Drang, weitere vergleichbare Situationen zu vermeiden. So kann die Angst zunehmen und sich sozusagen verselbständigen. Dann kommt es zur berühmt-berüchtigten »Angst vor der Angst«, die einen Menschen in seinem Alltag und seiner Lebensfreude zunehmend einschränken und belasten kann. Im Gegensatz zu felsigen Bergpassagen und ausgesetzten Gipfeln lassen sich Türme, Brücken, Aussichtsplattformen oder Leitern im Lebensumfeld der meisten Menschen relativ einfach ausfindig machen und begehen. Ein großer Vorteil, wenn Sie sich entschließen, Ihre Angst vor diesen Herausforderungen abzubauen. Das lässt sich nämlich mit einer behutsamen Gewöhnung an den jeweiligen Angst auslösenden Reiz sowie regelmäßigem Üben in den meisten Fällen schaffen.

Nachdem Angst immer ein sinnvoller Warnmechanismus des Körpers ist, werden die unangenehmen Empfindungen, die Sie beim Besteigen von Türmen, Leitern oder Plattformen befallen können, schon ihre Gründe haben. Und richtig:

- Sie bewegen sich über die vom Körper tolerierte Höhe hinaus und könnten sich beim Herunterfallen tatsächlich weh tun.
- Dazu kommt der ungewohnte »Tiefblick«: In welchen anderen alltäglichen Situationen sehen Sie sich plötzlich selbst frei

schwebend über dem Abgrund, den festen und sicheren Boden weit unter sich?

- Bei Leitern kommt hinzu, dass diese beim Hochsteigen immer wackeliger werden und/oder zunehmend schwanken können. Warum also sollte Ihr Körper nicht mit Angst reagieren?

- Manche Menschen fühlen sich auf Brücken angespannt und unwohl. Nachdem sich der Körper in seiner Lagestabilität an feststehenden, kontrastreichen Objekten orientiert, kann der Blick auf fließendes Wasser unter Umständen Schwindel auslösen, der im ungünstigsten Fall Angstreaktionen nach sich zieht.

Übungsmöglichkeiten auf dem Abenteuerspielplatz Stadt

Der Abenteuerspielplatz Stadt bietet vielfältige Übungsmöglichkeiten. Seien Sie kreativ, experimentieren und spielen Sie: Das sind unverzichtbare Voraussetzungen für optimale Lernerfolge und Lebensfreude!

- Trainieren Sie die Gewöhnung an das Besteigen von Leitern, Türmen etc. regelmäßig über mehrere Wochen hinweg. Üben Sie regelmäßig, am besten einige Male pro Woche.

- Gewöhnen Sie sich behutsam an das Erklimmen von ungewohnten Objekten, die Unwohlsein oder Angst auslösen. Fangen Sie klein an: Bei Leitern genügen ein stabiler, breiter Schemel oder niedrige Trittleitern mit maximal drei Stufen für die ersten 50 Steigversuche. Bei der Angst vor Türmen oder Plattformen finden Sie beispielsweise

Es ist noch kein Meister vom Himmel gefallen, von Leitern hingegen schon häufiger!

auf Kinderspielplätzen ideale Objekte (und Vorbilder!) für Ihre ersten Steigversuche.

- Steigen Sie immer erst dann weiter nach oben, wenn Sie sich auf der erreichten Stufe wohl und sicher fühlen. Jede Gewöhnung an eine neue Stufe darf ohne

Weiteres ein paar Tage oder sogar Wochen in Anspruch nehmen. Überfordern Sie sich nicht, lassen Sie sich Zeit und feiern Sie auch kleine Erfolge.

- Bei der Gewöhnung an Leitern achten Sie darauf, dass diese sicher, stabil und fest stehen. Sie sollten von der Leiter aus

Der Abenteuerspielplatz Stadt bietet tolle Möglichkeiten, den Umgang mit unterschiedlichen Herausforderungen zu trainieren.

anfänglich nicht auch noch zusätzlich aus dem Fenster auf den Hof sehen können.

- Richten Sie beim Überqueren von Brücken den Blick dorthin, wo es hingehen soll, also beispielsweise bei kürzeren Brücken auf das gegenüberliegende Ende, bei langen Brücken auf den Weg vor sich. Vermeiden Sie unbedingt, ins Wasser zu sehen.
- Erinnern Sie sich schon vor und dann vor allem während jeglicher Versuche unbedingt an die Schlüssel zur Angst- und Stressreduktion: Konzentrieren Sie sich darauf zu atmen, die Muskelspannung zu kontrollieren und Ihren Blick dorthin zu richten, wo Sie als nächstes hintreten oder hinfassen werden. Machen Sie immer wieder kleine Pausen. Wenn der Stress zu groß wird und sich auch nach einer Pause nicht mehr durch Ihre Atmung regulieren lässt, brechen Sie den Aufstieg für heute ab und unternehmen Sie erholt und entschlossen in ein paar Tagen einen neuen Versuch. Denn auch in der Stadt gilt: Wer nicht losgeht, kommt nicht an. Und nur in kleinen Schritten gelangen Sie zum Gipfel!

Rat und Tat für Gruppenleiter

Es kann Ihnen als Gruppen- oder Übungsleiter jederzeit passieren, dass sich bei einem oder mehreren Teilnehmern während der Tour eine sogenannte »Höhenangst« entwickelt. Anhand der folgenden Empfehlun-

gen und Checklisten können Sie versuchen, Ursache oder Auslöser zu bestimmen und entsprechende Hilfestellungen anzubieten.

Fragen oder nicht?

Können Gruppenleiter bei der Vorbesprechung zu einer Tour mit unbekannten Teilnehmern fragen: »Hat jemand Höhenangst?« Eine heikle Angelegenheit, die sich nicht pauschal beurteilen lässt. Menschen mit Höhenangst schämen sich häufig für ihre Angst. Wenn diese Frage offen im Kreise aller Teilnehmer auftaucht, kann das den Betroffenen sehr unangenehm sein, Druck aufbauen oder Stress verursachen. Dadurch kann die Angstschwelle absinken.

Andererseits setzen vor allem mehrtägige Touren in herausforderndem Gelände ein hohes Maß an Offenheit und Vertrauen voraus. Für solche Fälle lässt sich eventuell durch einen Fragebogen oder ein persönliches Gespräch im Rahmen der Tourvorbereitung auf diskrete Art herausfinden, ob und welche Befürchtungen einzelne Gruppenmitglieder belasten.

Wenn Sie ein Gruppenmitglied von sich aus auf seine Höhenangst ansprechen, bietet das eine gute Gelegenheit, Vertrauen zu bilden. Besprechen Sie mit dem Teilnehmer, welche physiologischen Hilfsmaßnahmen beim Auftreten von Höhenangst angewendet werden können und was sich der oder die Betroffenen an möglicher Unterstützung durch den Kursleiter oder die anderen Gruppenmitglieder wünschen.

Ursachen von Angst und mögliche Gegenmaßnahmen

Ursache	Anzeichen und Auswirkungen
Erschöpfung, ausge-löst durch mangelnde konditionelle Voraus-setzungen oder durch Überforderung	• Bewegungsausführung verlangsamt und/oder unsauber. Der Betrof-fene fällt durch häufiges Stolpern oder einen schlurfenden Gang auf. • Eingesunkene Körperhaltung • Stark gerötetes oder auffällig blasses Gesicht • Stark erhöhte Pulsfrequenz, die sich auch nach zwei bis drei Minu-ten nicht deutlich verringert (durch Handmessung feststellbar). • Erstmaliges Auftreten von Angstgefühlen erst am dritten oder vierten Tag • Unkontrolliertes, heftiges Zittern einzelner Muskelgruppen (»Nähmaschine«) als physiologische Reaktion auf Erschöpfung
Ungenügende tech-nische oder taktische Voraussetzungen	• Schlechte oder völlig fehlende Kletter-, Geh- oder Fahrttechnik • Angesichts von Herausforderungen absteigen, verweigern, umkehren, aufgeben, erstarren • Gefährliche Selbstüberschätzung
Sturzangst und Höhenschwindel, ausgelöst durch steil abfallende, ausgesetzte oder ungewohnte Gelände-formen	• Unsichere, zögerliche Bewegungsausführung • Körperlich »erstarren« • Blick auf »die Gefahr« fokussiert, starr und unbeweglich • Veränderte Atmung • Eventuell Hyperventilation mit physiologischen Begleiterscheinungen wie Missempfindungen (Kribbeln) oder Fühllosigkeit (»weiche Knie«) • Unkontrolliertes, heftiges Zittern einzelner Muskelgruppen (»Nähma-schine«) als physiologische Reaktion auf Angst • Schwindel, Übelkeit
Schwindelgefühle mit nachfolgender Angst, ausgelöst durch ungewohnte Sinnes-eindrücke z. B. bei Bergbahnfahrten, auf (Hänge-)Brücken etc.	• Schwindel, Übelkeit • Ängstliche Körperhaltung • Veränderter Atemrhythmus • Bewusstes oder unbewusstes Vermeiden von beängstigenden Situationen
durch zwischen-menschliche Span-nungen herabgesetzte Angstschwelle	• Vermeiden von Augenkontakt in Spannungssituationen • Sticheleien, verbale Abwertung oder Angriffe • Offene oder versteckte Kritik • Harscher oder schriller Ton • Körperliche Abwendung

Gegenmaßnahmen

- Pausen
- Trinken
- Leichtverdauliche Snacks
- Lockerungsmaßnahmen für die Muskulatur
  (dehnen, lockern, Massage)

- Aufgabenstellung verändern/anpassen
- Schwierigkeitsgrad minimieren
- Einfach umsetzbare Anleitungen zur Technikverbesserung
- Technikschulung anraten

- Blick auf den bergseitigen Wegrand oder die Schritte eines
  Vorangehenden richten
- Dahin schauen, wo es hingehen soll (anstatt dahin, wo die Gefahr liegt).
- Kontrastreiche und feststehende Objekte anvisieren
- Atmen
- Körperhaltung und Muskelspannung regulieren
- Zur schnellen Beruhigung Körperschwerpunkt so tief wie möglich:
  hinsetzen, knien, hinlegen
- Kurze Blicke ins Tal – im Sitzen, Hocken oder Liegen –
  beeinträchtigen weniger
- Falls Platz und Zeit ausreichen: »Angst aussitzen«, dabei bewusst atmen

---

- Die Augen auf feststehende, kontrastreiche Objekte in der Nähe
  außerhalb des schwankenden Aufenthaltsortes richten
- Tiefe, ruhige Atmung
- Ausprobieren, ob sich das Befinden bei geschlossenen Augen bessert
- Bei Brücken und Stegen: das gegenüberliegende Ende der Brücke
  anvisieren, beim Gehen nicht schneller werden

- Zeitweilige räumliche Trennung zweier oder mehrerer sich negativ beeinflussender Personen
  durch z. B. unterschiedliche Aufgabenstellungen
- Raum und Zeit zur Beruhigung geben, Konflikte müssen nicht immer sofort geklärt werden
- Spannungen in der Gruppe sollten vom Gruppenleiter sofort, klar und bestimmt geregelt wer-
  den: Nicht nur bei Jugendgruppen dürfen bestimmte Verhaltensweisen wie Ausgrenzung oder
  Abwertung nicht einmal ansatzweise toleriert werden.

Das Wichtigste, was Sie als Gruppenleiter für Menschen mit Höhenangst tun können, ist: in kritischen Situationen freundlich (aber bestimmt), klar und souverän zu führen und dabei Verständnis, Respekt und Zutrauen zu signalisieren.

Erste Hilfe bei akuter Angst

Rufen Sie sich im Ernstfall in Erinnerung, dass ein Kursteilnehmer, der sich in einer akuten Angstsituation befindet, unter Umständen nur noch über eine eingeschränkte Wahrnehmungsfähigkeit verfügt. Seine Reaktionen und Handlungen können sich stark von üblicherweise zu erwartenden Verhaltensweisen unterscheiden.

Wenn das Gehirn eine Situation als sehr bedrohlich einschätzt, werden Sinnesfunktionen und Denkvermögen reflexartig mehr oder weniger stark eingeschränkt. Die Sinne sind gebannt auf das gerichtet, was Angst macht. Der Blick wird starr. Das Hörvermögen verschlechtert sich, man nimmt schlechter oder gar nicht mehr wahr, was einem andere an Tipps und Hinweisen zurufen. Das Tastvermögen verschlechtert sich ebenfalls. Kurzum: Menschen in einer Angstsituation sind auf allen Ebenen blockiert – mit dem Sinn und Zweck, sich in Sicherheit zu bringen oder das Bedrohliche zu bekämpfen.

Vereinfacht beschrieben spielt sich im Gehirn dabei Folgendes ab: Alles Wissen und Können, also auch Bewegungsabläufe und Reaktionsmuster, sind in verschiedenen Arealen des Gehirns gespeichert. Die Wahrnehmungen der Sinnesorgane werden über die Nervenleitbahnen im Rückenmark zum Gehirn übertragen. Im Gehirn werden diese Wahrnehmungen (Reize) dann entsprechend verarbeitet. Daraufhin werden vom Gehirn über die Nervenleitbahnen im Rückenmark entsprechende Impulse zurück an die beteiligte Muskulatur gesandt. So kann der Körper auf die Herausforderung reagieren. Die Reizweiterleitung im Gehirn verläuft mithilfe winziger elektrischer Impulse über die Synapsen, das sind kleine Verdickungen am Ende jeder Nervenfaser. Wenn sich der Organismus nun bedroht fühlt, wird durch verschiedene Hormone und Neurotransmitter die Reizübertragung an den Synapsen eingeschränkt oder unterbrochen. Aus Prüfungssituationen kennen Sie womöglich sogenannte »Blackouts«, in denen genau das passiert. Plötzlich können Sie sich nicht mehr an das erinnern, was Sie schon wussten, weil in Ihrem Gehirn, vermutlich wegen Ihrer Angst, Fehler zu machen, die Reizweiterleitung an den Synapsen eingeschränkt ist. Diese eingeschränkte Reizweiterleitung ist der Grund dafür, dass stark verängstigte Menschen beispielsweise nicht mehr aufnehmen, was ihnen an Hinweisen zugerufen wird, oder nicht mehr auf technisches Können oder bereits gelernte Bewegungsmuster zugreifen können. Unter Angst greift das Gehirn auf ältere, bereits länger verschaltete Verhaltensmuster zurück, ganz egal ob die daran gekoppelten Reaktionen und Verhaltensweisen in diesem Moment sinnvoll und hilfreich

Hilfsmaßnahmen bei im Entstehen begriffener oder mittelstarker Angst

Anzeichen	mögliche Umgangsmöglichkeiten und Gegenmaßnahmen
• Veränderte Bewegungsmuster: Stolpern, zögernde oder unentschlossene Bewegungen • Verstärkt rationale oder emotionale Äußerungen bezüglich des eigenen Könnens oder der Routenplanung • Atmung stockt oder wird schneller • Blick wandert unruhig immer wieder in Richtung »Bedrohung«, erstarrt aber noch nicht	• Vereinbaren Sie rechtzeitig (also zu Beginn der Tour in einfachem Gelände oder bei den ersten Anzeichen von Angst) Maßnahmen zur Unterstützung des Verängstigten: Wer soll oder kann was tun, um dem Ängstlichen beizustehen? • Ablenkung durch leichtverständliche Gespräche oder Erklärungen zu Hintergründen und Umgangsmöglichkeiten mit Angst kann bis zu einem gewissen Punkt helfen, die Angstschwelle möglichst hoch zu halten. Je stärker die Angst wird, desto weniger nutzen Worte, umso mehr hingegen nutzen physiologische Strategien wie Atmen oder Blicklenkung. • Erinnern Sie den Kursteilnehmer wiederholt daran, zu atmen. • Stellen Sie hilfreiche und die Technik unterstützende Bewegungsaufgaben zur Aufmerksamkeitssteuerung (z. B. auf Blickrichtung, Körperhaltung, Schrittlänge etc.). • Vermitteln Sie dem Verängstigten Verständnis für seine Situation und machen Sie gleichzeitig deutlich, dass Sie ihm das Meistern der Herausforderung zutrauen (sofern Sie das tun). • Wenn Sie dem Kursteilnehmer die nötigen Fähigkeiten oder Fertigkeiten zur Bewältigung der Situation nicht zutrauen und er oder die anderen Kursteilnehmer tatsächlich in Gefahr geraten können, dann brechen Sie das Vorhaben ab. • Greifen Sie niemals auf die »Holzhammer-Methode« zurück. Sie zerstört Vertrauen und kann zu traumatischen Erfahrungen führen. Traumatische Erfahrungen erschweren die spätere Wiederannährung an vergleichbare Angst auslösende Situationen enorm. Einen Menschen zu zwingen, sich seiner Angst auf brachiale Art zu stellen, kann nur im äußersten Notfall ein Mittel sein, um z. B. akuter Lebensgefahr auszuweichen.

sind oder nicht. Gutes Zureden kann einem Verängstigten vielleicht noch nutzen, wenn die Stimme des Helfers Ruhe, Vertrauen und Souveränität vermittelt. Konkrete Anweisungen hingegen werden wahrscheinlich nur noch eingeschränkt oder gar nicht mehr aufgenommen.

Es kann auch vorkommen, dass von Höhenangst betroffene Menschen in akuten Angstsituationen zu weinen beginnen. Dieses eher stille Weinen ist in den meisten Fällen als körpereigener Regulationsmechanismus zum Stressabbau zu verstehen. Die Bitte, nicht zu weinen, wirkt dann kontraproduktiv, da dem Körper dadurch eine Möglichkeit zum sofortigen Stressabbau genommen wird. Lassen Sie den Tränen ihren freien Lauf und signalisieren Sie dem Betroffenen, dass sein Weinen in Ordnung ist. Weil viele Menschen nur schwer mit Tränen umgehen

Hilfsmaßnahmen bei stark verängstigten Menschen

Anzeichen	mögliche Umgangsmöglichkeiten und Gegenmaßnahmen
• Bewegungslosigkeit • Erstarrung oder Panik • Sinneswahrnehmungen deutlich vermindert • Wenig bis keine Reaktionen auf Zurufe oder Anleitungen • Stark veränderter Atemrhythmus, eventuell Hyperventilation	• Wenn Teilnehmer und Umstände es zulassen, kann man sich dem Verängstigten nähern und ihn zumindest im Schulterbereich berühren. Beginnen Sie, für den Verängstigten deutlich hör- und eventuell durch Berührung spürbar (z. B. Hand auf den Rücken legen) sehr tief und langsam zu atmen. Bestenfalls passt sich die Atmung des Verängstigten nach einigen Minuten Ihrem Rhythmus an. Dadurch wird die Extremsituation für den Betroffenen zumindest etwas entspannt. • Falls der Betroffene hyperventiliert, können Sie die in Kapitel 2 beschriebene Technik mit der Plastik- oder Papiertüte anwenden (siehe Seite 33). • Wenn Höhenschwindel mit im Spiel ist oder sein könnte und es die Umstände erlauben, kann der Betroffene in eine liegende oder zumindest hockende Position gebracht werden. Je tiefer der Körperschwerpunkt, desto weniger schwankt der Körper. • Viele Menschen empfinden es in Situationen großer Angst als hilfreich, mit beiden Händen, dem Gesäß oder liegend Kontakt zum Boden zu haben. • Feststehende und kontrastreiche Objekte im Sichtfeld des Verängstigten unterstützen den Körper bei der Selbstregulation. Falls der Betroffene auf Ihre Anweisung, wohin er den Blick zu richten hat, nicht reagiert, sorgen Sie zumindest dafür, dass seine Augen nicht »ins Leere« oder auf das Bedrohliche gerichtet sind. Wenn es das Gelände erlaubt, können anderen Gruppenmitglieder den Verängstigten umstellen oder kontrastreiche Objekte in sein peripheres Sichtfeld halten. • Auch wenn ein sehr stark Verängstigter auf Hinweise nicht direkt reagiert: Der Tonfall Ihrer Stimme wird dennoch wahrgenommen und interpretiert. Achten Sie deshalb insbesondere in Krisensituationen auf eine ruhige, feste und möglichst tiefe Stimme und eine langsame, beruhigende Sprechweise. • Erinnern Sie sich daran, dass der Körper früher oder später die Angstregulation übernimmt und dafür sorgt, dass selbst sehr starke Gefühle von Angst nach einiger Zeit als schwächer empfunden werden. Dieser Zeitraum kann bis zu einer halben Stunde lang andauern, aber spätestens dann lässt der extreme Stress für den Verängstigten nach. Dieser wird sich dann stark erschöpft fühlen und sich auf eine gewisse Art »dem Schicksal ergeben«. Dann kann die Tour fortgesetzt oder beendet werden. Ganz gleich ob weiter oder zurück: Der Betroffene sollte in den nächsten Stunden möglichst keinen weiteren Stressbelastungen mehr ausgesetzt werden und bald Gelegenheit bekommen, sich in Ruhe und Sicherheit zu erholen.

können, kann die Situation für andere Mitglieder der Gruppe befremdlich sein; auch ihnen gegenüber können Sie verdeutlichen, dass dieses Weinen ein hilfreicher Prozess ist und so wenig Aufhebens wie möglich darum gemacht werden soll. Erinnern Sie den Betroffenen lieber mit ruhiger, fester Stimme daran, zu atmen und den Blick zu lenken. Und meistens stiehlt sich nach Überwindung einer Angst auslösenden Situationen ein scheues Lächeln zwischen die Tränenspuren. Auf **Karte 1** finden Sie eine Zusammenstellung verschiedener Techniken für den Umgang mit akuter Angst.

Beziehungs- oder Familienkonflikte im Kursbetrieb

Zum Abschluss dieses Kapitels möchte ich auf eine ungewöhnliche Art der Konfliktbe-

wältigung hinweisen. Ich bitte zu beachten, dass ich als Coach und nicht als Psychotherapeutin arbeite. Dennoch lässt sich in meiner Arbeit mit von Höhenangst betroffenen Menschen immer wieder beobachten, wie auf der Grundlage von (Höhen-)Angst ein Beziehungs- oder Familienkonflikt ausgetragen wird. Dieser Konflikt beschränkt sich nicht ausschließlich auf Familien, Lebenspartnerschaften oder Ehen, er kann auch in Freundschaft verbundene Menschen betreffen. Bei Kindern wie bei Erwachsenen geht es dann häufig um zwei ganz konkrete Auslöser für die Krise: Selbstbestimmung und/oder Überforderung. Manchmal fühlt sich ein Partner oder ein Kind angesichts der Autorität des anderen Partners oder eines Elternteils bei der Bestimmung, wo und wie eine Tour gestaltet wird, hilflos und seiner eigenen Selbstbestimmung beraubt. Oder ganz schlicht und einfach körperlich

Überforderung spielt bei der Entstehung von Angst oft eine bedeutende Rolle.

oder technisch überfordert. Kindern bleibt in solchen Situation oft keine andere Möglichkeit, als durch Trotzreaktionen oder – wenn sie damit Erfolg haben – durch Angst eine Reaktion auf ihre Bedürfnisse zu erzwingen. Aber auch bei erwachsenen Partnern oder Freunden, denen es nicht gelingt, ihre jeweiligen Bedürfnisse konstruktiv, fair und verständlich zu kommunizieren, können sich Konflikte gelegentlich durch (Höhen-)Angst ausdrücken. Vor allem dann, wenn Erschöpfung oder Überforderung mit im Spiel sind. Wenn ein Partner oder ein Familienmitglied ganz offensichtlich panische Angst hat, den Vorgaben anderer zu folgen, müssen die anderen reagieren, unterstützen, die Anforderung reduzieren und sich kümmern. Wer einmal die Erfahrung macht, dass sich durch Angst andere Menschen wie gewünscht verhalten, der könnte unter Umständen auf die Idee kommen, seine Ängste zu kultivieren.

Viele Kursleiter haben gute Erfahrungen damit gemacht, Paare oder Familien in spannungsreichen Situationen räumlich zu trennen. Immer vorausgesetzt, die Umstände lassen dies zu. Eine unauffällige räumliche Trennung auf Touren lässt sich beispielsweise durch unterschiedliche Bewegungsaufgaben und Anreize zur Aufmerksamkeitslenkung, die Bitte um kleine Hilfsdienste, Entdeckeraufgaben oder Spiele erreichen. Kinder leiden übrigens selten unter Höhenangst, lassen sich aber in manchen Fällen von den Ängsten ihrer Eltern alarmieren und anstecken.

Möglichkeiten und Grenzen von Kursleitern

Machen Sie sich trotz Ihrer guten Absicht, Ihre Kursteilnehmer so gut wie möglich zu betreuen und zu unterstützen klar, dass Sie weder Psychologe noch Psychotherapeut sind. Sie sind Kursleiter. Achten Sie insbesondere im Umgang mit besonders betreuungsintensiven Teilnehmern darauf, sich weder bewusst noch unbewusst zu tief auf psychologische oder seelische Bereiche einzulassen, wenn Sie nicht dafür ausgebildet sind. Es genügt – und ist Aufgabe genug! –, sich als Kursleiter allen Menschen gegenüber freundlich und respektvoll zu verhalten und sich auf seinen eigenen gesunden Menschenverstand zu verlassen. Trauen Sie sich selbst ruhig zu, souverän mit einer Vielzahl von Umständen und Situationen zurechtzukommen, aber wahren Sie Ihre persönlichen Grenzen und die Ihrer Kursteilnehmer.

Zunehmende Höhenangst

Martin, 53 Jahre alt, Rechtsanwalt

»Ich stelle fest, dass ich in den letzten Jahren zunehmend Höhenangst entwickle. Früher bin ich auf alle Berge gekraxelt, das hat mir nicht das Geringste ausgemacht. Und heute zittern mir schon die Knie, wenn ich bloß daran denke, auf einem Berggipfel zu stehen und hinunter zu schauen.«

»Kann es sein, dass du in jüngeren Jahren sehr viel mehr Zeit und Gelegenheit hattest, dich zu bewegen oder in die Berge zu gehen?«

»Auf jeden Fall! Da war ich beinahe jedes Wochenende im Gebirge! Beim Skifahren, auf Hüttenurlauben und bei mehrtägigen Wanderungen. Dafür hätte ich heute gar nicht mehr die Kondition!«

»Genau. Das könnte eine Ursache für deine Höhenangst sein. In jüngeren Jahren sind die meisten Menschen konditionell einfach besser in Form und bewegen sich häufiger in unterschiedlichen Geländeformen. In der Lebensmitte kommen wir aufgrund der vielfältigen Anforderungen durch Beruf, Familie oder andere Aufgaben oft nicht mehr dazu, unseren Körper regelmäßig zu bewegen. Kraft, Ausdauer und Beweglichkeit lassen nach, die körperlichen Voraussetzungen für eine anstrengende Bergtour sind nicht mehr optimal. Hinzu kommt, dass wir vielleicht schon eine ganze Weile nicht mehr in den Bergen waren und es nicht mehr gewohnt sind, uns in unwegsamem oder ausgesetztem Gelände zu bewegen. Wenn du dich nach längerer Zeit dann entschließt, wieder in die Berge zu gehen, kann es sein, dass du zu diesem Zeitpunkt relativ ungeübt und vielleicht konditionell nicht ausreichend fit bist. Durch die ungenügenden technischen oder konditionellen Voraussetzungen bist du schneller erschöpft. Dann besteht tatsächlich ein erhöhtes Risiko zu stolpern oder zu stürzen.

Je länger jemand schon nicht mehr Gelegenheit hatte, sich regelmäßig in ausgesetzten Geländeformen zu bewegen, weil er vielleicht schon lange nicht mehr in den Bergen war, desto eher kann ihm jetzt auch noch der Höhenschwindel zu schaffen machen. Dein Körper registriert nun plötzlich mehrere bedrohliche Eindrücke gleichzeitig: mangelnde Trittsicherheit durch zu wenig Erfahrung oder körperliche Erschöpfung, ungewohnter Tiefblick, ungewohnte Geländebeschaffenheit und dann womöglich noch dieses unheimliche Schwanken, das durch Höhenschwindel ausgelöst werden kann. Und schon ist sie da: die Angst! Nachdem du diese Angst früher nicht hattest, beginnst du dir deswegen Sorgen zu machen. Das Ganze fühlt sich unangenehm an, also will dein Körper in Zukunft solchen Situationen gar nicht mehr ausgesetzt werden. So kann es passieren, dass sich deine Angst verselbständigt: Du wirst zunehmend unsicherer in Bezug auf dein Können und deine Fähigkeiten. Das bereitet dir Sorgen und stresst dich. Du fühlst dich zunehmend unwohl. Mit der Zeit kann sich daraus eine Negativspirale

entwickeln und die Schwelle für Höhenangst sinkt ständig weiter ab.«

»Verflixt! Du hast Recht. Und ich wähle gleich zum Anfang meiner zweiten Bergsportkarriere eine sehr schwierige und lange Route, die ich mit 22 zum letzten Mal gemacht habe. Kein Wunder, dass mir die Luft ausgegangen ist und ich das Muffensausen bekommen habe!«

Mütter sind vorsichtiger

Jana, 34 Jahre alt, Fitnesstrainerin
»Dass meine Höhenangst mit fehlender Kondition oder mit mangelnder Bergerfahrung zu tun hat, kann ich mir kaum vorstellen. Bis zur Geburt meines Sohnes war ich Bergläuferin, aber seitdem kriege ich echt die Krise, sobald es rechts oder links von mir steil bergab geht. Noch schlimmer wird es, wenn mein Sohn in eine gefährliche Situation

gerät. Ich hätte nie gedacht, dass ich mal so ein Feigling werde!«

»Du hast einen Sohn? Wie alt ist er?«

»Manuel ist jetzt anderthalb Jahre alt.«

»Viele Frauen berichten, dass sie nach der Geburt ihres ersten Kindes plötzlich umsichtiger und bedächtiger werden. Ich sagte: umsichtiger und bedächtiger und nicht feiger. Aufgrund hormoneller Umstellungen verändert sich für Frauen durch die Geburt tatsächlich einiges. Sie werden umsichtiger, bedächtiger und gehen weniger Risiken ein, die eine Gefahr für sie selbst oder ihren Nachwuchs darstellen könnten. Diesen Umstand betrachten besonders Frauen, die sich – aus welchen Gründen auch immer

– regelmäßig selbst überfordern, als Einschränkung. Doch der Körper hat immer Recht. Eventuell birgt die Art der sportlichen Herausforderung, der sie sich als Mütter von kleinen Kindern stellen wollen, tatsächlich ein erhöhtes Risiko? Oder sie kostet eventuell mehr Kraft, als sie momentan abzweigen können? Das bedeutet nicht, auf sämtliche Aktivitäten zu verzichten, solange man kleine Kinder hat. Aber doch zumindest genauer hinzuspüren, was einem die Angst sagen möchte. Eventuell ist es eine Zeitlang tatsächlich klüger, bestimmte Herausforderungen gelassener anzugehen. Und zu lernen, dass es sich, ohne perfekt zu sein, ganz wunderbar entspannt leben lässt.«

Respekt ist etwas Anderes als Angst

Doro, 68 Jahre, Rentnerin

»Ich habe erst vor vier Jahren – da war ich 64 – mit dem Bergwandern angefangen. Ich komme aus dem Norden und war weder als Kind noch als Erwachsene in den Bergen. Ich habe mir Zeit gelassen, mich an die Berge zu gewöhnen, und bin inzwischen regelmäßig in den Alpen unterwegs. Ich habe vor zwei Jahren einen Kurs für Menschen mit Höhenangst gemacht, trainiere regelmäßig im Fitnessstudio und fahre viel mit dem Fahrrad, um fit für meine Bergtouren zu sein. Ich liebe die Berge, aber ich habe auch Respekt vor ihnen. Ich achte auf meine Grenzen und bleibe die meiste Zeit in meinem Wohlfühlbereich, der sich erfreulicherweise mit jeder Tour erweitert – wahrscheinlich weil ich mich nie überfordere. Manche Touren müssen gar nicht sein, denn ich will in erster Linie genießen.«

Ohne Stock über Stein

»Doro, was ist übrigens aus deinen geliebten Wanderstöcken geworden?«
Ich erinnere mich amüsiert an Doros ersten Kursbesuch vor zwei Jahren. Doro war da-

mals überzeugte Stockanhängerin und tat keinen Schritt ohne ihre geliebten Stöcke, die sich nicht – wie moderne Wanderstöcke – teleskopartig zusammenschieben und auf dem Rucksack verstauen ließen, sondern museumsreif lang und spitz mit stabilen Lederhandschlaufen permanent in der Hand getragen werden musste. Es kam, wie es kommen musste: Irgendwann stolperte Doro über ihre eigenen Stöcke und pikste beim Fallen mit einer Stockspitze einen anderen Kursteilnehmer in den Hintern. Beide schimpften wie die Rohrspatzen. Doro über diese alten, unpraktischen Dinger, der gepiekste Kursteilnehmer über die blöde Idee seiner Frau, ihn wegen ihrer Höhenangst mit auf diesen lahmen Kurs zu schleppen. Die Frau des Gepieksten stand da und begann zu japsen. Entgegen meiner Befürchtungen hyperventilierte die Frau nicht, sie lachte. Die beiden sind inzwischen glücklich geschieden und Doro berichtet stolz von ihren neuen ultraleichten Wanderstöcken. Diese lassen sich bis auf 22 Zentimeter Länge zusammenschieben und werden inzwischen nur noch beim Bergabgehen ausgefahren und eingesetzt.

Kindheitserinnerungen

Kurt, 36 Jahre (hier mit 8 Jahren), Bankkaufmann

Kurt war schon als kleiner Junge mit seinem Vater tagelang auf Bergwanderungen unterwegs. Er erinnert sich mit Grausen daran, denn die Touren haben ihm überhaupt keinen Spaß gemacht. Nicht zuletzt weil der Vater so oft geschimpft hat, wenn sich der kleine Kurt nicht so mutig verhielt, wie der Vater sich das vorgestellt hatte. Als Kurt dann aufs Gymnasium kam und mehr lernen musste, konnte er sich endlich vor weiteren Torturen in den Bergen drücken. Seitdem hat er die Berge gemieden wie der Teufel das Weihwasser. Aber jetzt hat er sich verlobt. Mit einer Bergfexin, die von Bergwandern, Ski- und Schneeschuhtouren einfach nicht genug kriegen kann. Nun möchte er gerne etwas gegen seine Abneigung oder – klarer ausgedrückt – seine panische Angst vor felsigen, ausgesetzten Stellen im Gebirge unternehmen.

»Nun Kurt, bei deiner Art von Angst könnte eine traumatische Erfahrung eine Rolle spielen.

Als Coach vermeide ich es – zumindest in einer Gruppensituation – auf seelische Ursachen für Blockaden einzugehen, die in der persönlichen oder familiären Geschichte eines Teilnehmers liegen. Viele Ängste haben sich aufgrund bestimmter Umstände oder Erfahrungen in der Vergangenheit eines Menschen entwickelt. Aber diese Zusammenhänge aufzurollen und zu analysieren ist etwas, das jemand, der dazu bereit ist, auf seinen ausdrücklichen Wunsch hin mit einem speziell dafür ausgebildeten Therapeuten angehen kann. Manche Menschen suchen ständig in ihrer Vergangenheit nach den Ursachen ihrer heutigen Blockaden. Dadurch sind sie mit ihren Gedanken permanent bei dem, was sie verletzt oder ihnen nicht gut getan hat. Gedanken und Erinnerungen an solche Situationen tun diesen Menschen auch heute nicht gut und verstärken ihr Leid. Es wäre besser, mit Vergangenem abzuschließen und zielorientiert nach praktikablen Auswegen und Lösungsmöglichkeiten zu suchen. Es ist wie beim Bergwandern: Da wo wir hinsehen, da geht es hin. Wenn wir uns in Gedanken andauernd mit Dingen beschäftigen, die uns belasten, die uns nicht gut tun, die sich um Kritik, Schuldzuweisung und Groll drehen, dann wird sich unser Denken und Empfinden in genau diesen Bahnen bewegen. Anders lässt sich eine traumatische Erfahrung vielleicht so erklären: Ein Mensch macht durch eine plötzliche, sehr schmerzhafte Verletzung oder durch eine Beleidigung oder Abwertung eine traumatische körperliche oder seelische Erfahrung. In Zukunft wird er unbewusst versuchen, vergleichbare Situationen, in denen er erneut verletzt werden könnte, zu vermeiden. Daher deine Unlust, weitere Bergtouren mit dem Vater zu unternehmen. Wenn einem beispielsweise als kleinem Jungen keine Möglichkeit gelassen wird, weitere Touren zu vermeiden, passt man sich zwangsläufig an, um das Ganze irgendwie zu überstehen. Im schlimmsten Fall auf Kosten des Zugangs zu den eigenen Gefühlen, Grenzen und Bedürfnissen. Du

siehst, an dieser Stelle wird es schon ziemlich psychologisch. Hier weiterzudenken und danach zu suchen, was alles noch »schief gegangen« ist und wie bedauernswert man ist, hilft niemandem weiter.

Also müssen andere Ansätze her, um die aktuelle Situation zu verändern: einfach durchzuführende physiologische Ansätze und Techniken, mit denen sich über bestimmte Reflexe das Angst- und Stressniveau regulieren lassen, die einen mental im Augenblick halten und die sich bei entsprechender Übung mit der Zeit festigen. Wem das – trotz ernsthafter Bemühungen und ausreichender Übung – nicht hilft oder wer sich nach wie vor auf die Suche nach in der Vergangenheit liegenden Gründen für seine Blockaden machen möchte, kann dies mit speziell ausgebildeten Therapeuten tun.«

»Super! Das ist genau das, was ich mir wünsche. Ich will nicht in meiner Kindheit wühlen, ich will in die Berge. Morgen. Und dann so oft wie möglich mit meiner Partnerin! Ich finde es klasse, dass es die Möglichkeit gibt, eine Psychotherapie zu machen, wenn man in bestimmten Lebensbereichen nicht alleine klar kommt. Aber ich denke, ich schaffe das auch so.«

Die Angst vor der Angst

Monika, 33 Jahre alt, Reiseverkehrskauffrau

»Ich habe ein Problem auf Wegen, bei denen es auf einer oder beiden Seiten steil hinuntergeht, und dann bei Kraxeleien über felsige Stellen, wo ich mich nicht gut festhalten kann. Ich würde gerne viel mehr in die Berge gehen, aber alleine möchte ich nicht gehen. Ich habe mich schon ein paar Mal zu einem Kurs angemeldet und habe mich schon tagelang vorher vor den Reaktionen der anderen Teilnehmer gefürchtet. Was, wenn die herausbekommen, dass ich an manchen Stellen Angst habe? Und was, wenn ich die ganze Gruppe aufhalte? Dann kann ich nächtelang vor der Wanderung nicht mehr schlafen, weil ich mir solche Sorgen mache. Ich bin schon oft im letzten Moment abgesprungen, weil der Druck einfach zu hoch wurde.«

»Das höre ich sehr oft von Menschen mit Höhenangst. Ich nenne das die »Angst vor der Angst«. Dabei macht man sich schon lange, bevor es richtig zu Sache geht, Sorgen und grübelt darüber nach, was alles passieren könnte. Das erhöht das Stressniveau und nagt am Selbstvertrauen. Unangenehm empfundener Stress und fehlendes Selbstvertrauen setzen die Angstschwelle herab. Selbstvertrauen kann nur wachsen, wenn Freude und Erfolgserlebnisse mit im Spiel sind. Beim Tun Freude zu empfinden und Ziele zu erreichen, führt im Gehirn zu einer erhöhten Ausschüttung bestimmter Neurotransmitter, einer biologischen Voraussetzung für Lernen und Umlernen. Wenn die Herausforderungen zu hoch sind oder zu niedrig gewählt werden, weil man sich selbst zu wenig zutraut, hat man keine Erfolgserlebnisse. Stattdessen kritisiert man sich selbst und ist unzufrieden mit dem, was man erreicht hat oder wie alles gelaufen ist. Dieser Frust ist das Gegenteil von Freude und verhindert Lernfortschritte.

Deine Angst wird weniger, wenn du deine Ziele und Aufgaben passend wählst und regelmäßig angenehme Erfahrungen machst. Beginne mit der Teilnahme an einfachen Touren und Wanderungen in genuss- anstatt leistungsorientierten Gruppen. Solche Gruppen gibt es wirklich! Mit der Menge der positiven Erfahrungen erhöht sich die (Selbst-)Sicherheit. Du wirst zudem konditionell und technisch immer stärker und kannst dann in leistungsstärkeren Gruppen eher mithalten. Die Angst, die Gruppe aufzuhalten, verliert ihren Schrecken. Sich selbst zu überschätzen oder andern zuliebe zu schwere Programme mitzumachen, kann zu folgenschweren Einbußen an Selbstvertrauen und Sicherheit führen.«

Schwierigkeitsbewertung von Wanderwegen

Evi starrt heftig atmend auf das Schild: »Das schaffe ich nicht! Ich bin hier falsch! Nur für Geübte! Ich hab's doch gewusst!«

»Evi. Atme. Ganz ruhig jetzt. Lass dir Zeit. Ich bin der Meinung, dass du diesen Weg gehen kannst. Wir haben bereits über die Ursachen von Höhenangst und Höhenschwindel gesprochen und wir haben auch schon ein paar Trockenübungen gemacht. Du kannst das schaffen, aber wenn es dir lieber ist, dann kannst du jetzt noch umdrehen.«

Evi schluckt ein paar Mal und entschließt sich dann mitzukommen. Sie habe mit ihrem Mann gewettet, dass sie den Kurs bis zum Ende durchhält und auf diesen verflixten Berg steigt. Und die Wette möchte sie gewinnen!

»Bravo, Evi! Dann machen wir hier dennoch eine kurze Pause. Ich möchte euch etwas zeigen. Seht euch diese Schilder an. Fällt euch auf, dass die Schrift auf dem einen Schild blau ist und hier auf diesem Schild unten rechts eine rote Markierung zu sehen ist?«

Für Bergwege gibt es im Alpenraum leider noch keine genormte Schwierigkeitsbewertung. Das erschwert vor allem unsicheren und tendenziell ängstlichen Wanderern die Auswahl geeigneter Touren. Alpine Verbände und Tourismusexperten der Alpenländer arbeiten daran, in der Zukunft einheitliche Bewertungskriterien und Zeichen zu etablieren. In einigen Regionen/Ländern finden sich erfreulicherweise bereits einheitliche Wegemarkierungen:

In der Schweiz:
gelbe Markierung = einfacher Wanderweg
weiß/rot/weiße Markierung = Bergwanderweg für Erfahrene
weiß/blau/weiße Markierung = alpiner Weg, stellenweise weglos, mit alpinen Gefahren, eventuell leichte Kletterstellen

In Tirol:
keine Farbe: einfacher Bergweg
rote Farbe: mittelschwierige Bergwege, alpine Erfahrung, entsprechende körperliche Verfassung und Trittsicherheit erforderlich
schwarze Farbe: schwierige Bergwege, Anforderung wie für die roten Wege, zusätzlich erforderlich: Schwindelfreiheit

Die neue Generation von Wanderwegweisern:
In gepflegten Wanderregionen im gesamten Alpenraum finden sich zunehmend neuere Beschilderungen, die insbesondere in Deutschland auf ein Wegekonzept des Deutschen Alpenvereins zurückzuführen sind:

blaue Markierungen = einfache Wege
rote Markierungen = überwiegend schmale Bergwege, stellenweise ausgesetzt und absturzgefährdet, kurze Seilsicherungen und einfache Kletterstellen
schwarze Markierungen = schwierige Bergwege, schmale, steil angelegte Wege, absturzgefährliches Gelände, gehäuft Seilsicherungen und/oder Kletterpassagen
»Oh! Und nach welchen Kriterien sollen wir also künftig unsere Touren aussuchen?«
»Am besten, Ihr tauscht euch untereinander über die Touren aus, die Ihr kennt und bereits gegangen seid. Es gibt auch einige gute Webseiten, die sehr exakte Tourenbeschreibungen veröffentlichen. Es bleibt zu hoffen, dass es in Zukunft verstärkt Aufklärung, Kurse, Übungsleiterfortbildungen, Wanderführer, Foren und andere Plattformen für unsichere und weniger erfahrene Bergwanderer gibt. Wer von Euch hätte Lust, eine Webseite mit Tourentipps anzulegen? Ich gebe die Adresse dann gerne weiter!« (siehe Seite 125)

Vom Leichten zum Schweren

Harald, 42 Jahre alt, Angestellter bei der Stadtverwaltung

»Ha! Das ist doch Pippikram! Hier habe ich doch keine Angst, da geht es nirgendwo runter. Wieso soll ich denn so komische Atemübungen machen? Das bringt mir gar nichts!«
Harald blickt um Zustimmung heischend in die Runde.

»Ja, stimmt. Diese Art von Gelände hat nichts Bedrohliches. Aber es ist allemal besser, die Übungen zunächst in einfachem Gelände zu machen, wo Ihr Euch noch voll und ganz darauf konzentrieren könnt. Wenn wir diese Übung an einer Stelle machen würden, an der Absturzgefahr besteht, wärt Ihr vielleicht schon so blockiert, dass Ihr nicht mehr spürt, welche Techniken Euch unterstützen und welche Euch nichts bringen. Wenn Ihr die Techniken, die helfen, unter einfachen Bedingungen bewusst und konzentriert übt, dann stehen sie Euch auch zur Verfügung, wenn es eng und steil wird.«

Die ersten Schritte sind gemacht
Petra, 36 Jahre
»Durch den Kurs habe ich gelernt, meinen Körper besser zu verstehen und mit meiner

Angst umzugehen. Mir ist klar, dass noch ein weiter Weg vor mir liegt, aber ich weiß jetzt, in welche Richtung ich gehen muss.«

Berggenuss an ruhigen Plätzen
Susanne, 48 Jahre, Architektin

»… so schaue ich jetzt beim Bergwandern an ausgesetzten Stellen kaum mehr in die manchmal erschreckende Tiefe, sondern auf den Weg oder Hang vor und neben mir. Mein Blick richtet sich nicht mehr auf den Untergrund direkt vor meinen Füßen, ich schaue den Weg mal mehr, mal weniger weit voraus. Die schöne Aussicht – auch runter ins Tal – genieße ich stattdessen lieber von ruhigen Plätzen aus.«

Geschafft!

Angelika, 42 Jahre

»Die Angst ist auch nach dem Kurs nicht weg, aber ich habe gelernt, mit ihr umzugehen. Ich habe die Tour auf den Laber noch zwei Mal gemacht und es gab Passagen, die dann gar nicht mehr spannend waren. Ich habe seitdem noch einige Situationen in den Bergen erlebt, in denen die Angst erst mal da war, aber diese kleine Übung, in die Hocke zu gehen und mit den Händen den Boden zu spüren, hilft mir sehr. Diese Erdung gibt dem Gehirn die nötige Sicherheit, um den Panikalarm zu stoppen und dann die Strecke ganz bewusst anzusehen. Diese Sache mit den Kuppen, die bei mir erst mal auslösen: »Ohhh! Wie wird es dahinter weitergehen?«, habe ich ziemlich gut in den Griff bekommen. Ich habe festgestellt, dass es danach trotz meiner Befürchtungen ganz normal weitergeht. Alles in allem keine Wunder, aber für mich ist es sehr erstaunlich, dass es mit ein paar einfachen Tipps möglich ist, einen großen Teil der Angst auslösenden Situationen in den Griff zu bekommen. Und jedes Mal, wenn es wieder gelungen ist, freue ich mich sehr darüber. Es ist auch beruhigend zu wissen, dass man mit der Problematik nicht allein ist, sondern dass es andere gibt, die genau das Gleiche oder Ähnliches empfinden. Es hat mich ja im Vorfeld schon viel Mut gekostet, mich überhaupt anzumelden, um mich dem Problem zu stellen. Umso erhebender dann das Gefühl, es auch noch gut geschafft zu haben!«

Glossar

Antizipation: vom Lateinischen »anticipatio = Vorwegnahme« abgeleitet, bezeichnet in der Sportwissenschaft die mentale Vorwegnahme eines künftigen Bewegungsablaufes

Assoziieren: bewusste oder unbewusste Verknüpfung von Gedanken

Autosuggestion: Selbstbeeinflussung

Bandschlinge: Hilfsmittel für die Absturzsicherung und Höhenrettung. Sie ist eine einfache Schlinge aus besonders belastungsfähigen Kunstfasern, die eine Tragkraft von mehreren Tonnen haben kann.

Bergfex: in Süddeutschland und Österreich gebräuchliche Bezeichnung für einen leidenschaftlichen Bergsteiger

Direttissima: (= ital. »kürzeste Verbindung«) bezeichnet im Alpinismus einen direkten, umweglosen Aufstieg zum Gipfel

Fokussieren: scharf stellen, bündeln

Karabinerhaken: Im Bergsport verwendeter Sicherungshaken mit Schnapp- oder Drehverschluss

Klettersteigset: Ein Klettersteigset sichert beim Begehen von Klettersteigen gegen Absturz. Es besteht aus Seilen oder Bandschlingen, die am Klettergurt befestigt werden, und zwei Karabinerhaken, von denen stets mindestens einer an Leitern, Stahlseilen oder Tritteisen des Klettersteigs befestigt werden soll. Den richtigen Gebrauch eines Klettersteigsets sollten Sie von Grund auf lernen und üben, bevor Sie damit auf Tour gehen.

Kondition: bezeichnet das Leistungsvermögen bezüglich Kraft, Schnelligkeit, Beweglichkeit und Ausdauer

Koordination: bezeichnet das harmonische Zusammenspiel verschiedener Muskelgruppen, Körperteile und Einzelbewegungen zu einem geschlossenen Bewegungsablauf

Lagestabilität: Ein komplexes Zusammenspiel verschiedener Organe und Systeme ist dafür verantwortlich, dass sich der Körper im Raum in seiner Lage (liegen – stehen – drehen etc.) orientieren kann.

Muskelspindelreflex: Regulationsmechanismus des Körpers, der unter anderem für die Einstellung und Aufrechterhaltung einer konstanten Muskelspannung zuständig ist.

»Nähmaschine«: Mit »Nähmaschine« bezeichnen vor allem Kletterer das unkontrollierbare Zittern der Extremitäten, das bei Angst oder Erschöpfung auftritt.

Peripheres Sehfeld: Der Begriff »Periphe-rie« bedeutet im allgemeinen Sprachge-brauch »Umgebung« oder »Umfeld«. Über das periphere Sehfeld werden also Reize wahrgenommen, die sich im äußeren Be-reich des Sichtfeldes befinden. Man könnte auch sagen »im Augenwinkel«.

Reflex: unwillkürliche, rasche und stets gleichartige Reaktion eines Organismus auf einen bestimmten Reiz

Reisekrankheit: Ungewohnte bzw. uner-wartete Bewegungen sowie widersprüch-liche Sinnesmeldungen können Schwindel auslösen. Während das Gleichgewichtsor-gan die Fahrbewegung wahrnimmt, sieht das Auge im Inneren des Fahrzeugs keine Bewegung. Ein Blick aus dem Fenster von Bus, Schiff, Gondel oder Flugzeug schafft mögliche Fixierungspunkte. Diese sollten nicht zu weit entfernt sein.

Schotterkar: Ein Kar ist ein kesselförmiger, an ein Amphitheater erinnernder Einschnitt an einem Berghang. Die Bodenbeschaffen-heit eines Schotterkars besteht vorwiegend aus losem Schotter und Geröll.

Schwindel: Widersprüchliche oder fehlen-de Sinnesreize können dazu führen, dass Lagestabilität und Gleichgewichtssinn aus der natürlichen Harmonie geraten. Beim Dreh-Schwindel dreht sich alles um den Betroffenen. Beim Schwank-Schwindel scheint der Boden unter den Füßen zu schwanken. Beim Lift-Schwindel glaubt man, dass man sinkt oder gehoben wird. Beim Labyrinth-Schwindel kommt es zu-sätzlich zu Ohrensausen und zu Übelkeit. Der Angst-Schwindel wird von Schweiß-ausbrüchen, Herzrasen, einer Leere im Kopf und von einer Unsicherheit beim Gehen begleitet.

Synapsen: Kontaktstellen zwischen Ner-venzellen und anderen Zellen (wie Sinnes-, Muskel- oder Drüsenzellen) oder zwischen Nervenzellen untereinander. An ihnen fin-det die Erregungsübertragung von einem Fortsatz einer Nervenzelle auf eine andere Zelle statt.

Physiologisch: bedeutet »natürlich« oder »den normalen Lebensvorgängen« entspre-chend. Die normalen Abläufe im Organis-mus kann man daher auch als physiologi-sche Vorgänge bezeichnen.

Adressen, Kontakte und Büchertipps

Veranstalter und Kursanbieter

Kurse für Menschen mit Höhenangst

Mut tut gut! Mehr Spaß und Selbstvertrauen beim Mountainbiken
Ausbildung zum Sport-Mentalcoach
Petra Müssig, D-87547 Missen-Wilhams
E-Mail: petra@petramuessig.de
http://www.petramuessig.de

Kurse und Einzelcoaching für Menschen mit Höhenangst

Frank-Uwe Reinhardt, München und Mittenwald
Telefon: (+49) 0172 3612833
E-Mail: info@bergsport-coaching.com
http://www.hoehenangst-coach.com

Kurse und Einzelcoaching für Menschen mit Höhenangst, Angstbewältigung und Mentales Training für Reiter

Heike von Öttingen, D-85229 Markt Indersdorf
E-Mail: heike@bergschubser.de
Telefon: (+49) 0179 53 17 667
http://www.bergschubser.de/

Wanderungen für Menschen mit Höhenangst, außerdem Genießerwanderungen im Sommer und Winter und E-Biketouren am Tegernsee, Sport-Mentalcoaching im Hochseilgarten Lengries

Litschis Bergwelt, Elisabeth Liedschreiber, D-83661 Lenggries
Telefon: (+49) 0179 4532583
E-Mail: info@litschis-bergwelt.de
http://www.litschis-bergwelt.de/

Kurse für Stress- und Angstbewältigung im Sportklettern und im Hochseilgarten

Jochen Schmidt, D-89231 Neu-Ulm
Telefon (+49) 0731 71 888 152
E-Mail: kontakt@mitschmidt.de
http://www.mitschmidt.de

Kurse für Menschen mit Höhenangst und Angstbewältigung beim Sportklettern, außerdem Mentalcoaching für Kletterer, Therapeutisches Klettern für Kinder und Jugendliche

Stützpunkt Inntal, Achim Haug, D-83075 Bad Feilnbach

Tel: (+49) 08066 88 39 39

E-Mail: info@stuetzpunkt-inntal.de

http://www.stuetzpunkt-inntal.de/

Mountainbiketouren in jeweils mindestens zwei Schwierigkeitsstufen pro Tour, gehirngerechtes Fahrttechniktraining sowie Einzelcoaching für BikerInnen mit Blockaden

Alpenevent, Andi und Mirja Beger, D-82441 Ohlstadt

E-Mail: kontakt@alpenevent.de

http://www.alpenevent.de

Fahrttechniktraining, Transalp-Touren, Stress- und Angstbewältigungskurse speziell für Elektro-Mountainbiker und E-Biker

Travel-S, Jürgen Sedlmair

E-Mail: info@travel-s.de

http://www.travel-s.de/

Über die Webseite des DAV lassen sich Kontakte zu Sektionen und deren Kursangebot in Ihrer Umgebung finden.

Deutscher Alpenverein

http://www.alpenverein.de/

Buchtipps

Erfolg ist Kopfsache
Sportliche Herausforderungen meistern
Autorin: Petra Müssig
Verlag pietsch, ISBN 978-613-50636-7

Berggenuss ohne Höhenschwindel
30 Touren für Nicht-Schwindelfreie in den
Bayerischen Hausbergen
Autorin: Heike von Öttingen
Bruckmann Verlag, ISBN 978-3-7654-6128-6

Alpinlehrplan 1:
Wandern und Trekking
Autor: Dr. Karl Schrag
BLV Verlag, ISBN 978-3-8354-0043-6

Klettersteiggehen
Klettersteiggarten, Sicherungstechnik, Aus-
rüstung, Gehen am Klettersteig, Schwierig-
keit und Gefahren
Autor: Eugen E. Hüsler
Bruckmann Verlag, ISBN 978-3-7654-5722-7

Alpin-Lehrplan 2:
Klettern – Technik, Taktik, Psyche
Autor: Michael Hoffmann
BLV Verlag, ISBN 978-3-8354-1121-0

Biologie der Angst
Wie aus Stress Gefühle werden
Autor: Gerald Hüther
Verlag Vandenhoeck & Ruprecht,
ISBN 978-3-2525-01439-4

Wanderwissen von A bis Z
Autor: Ingo Seifert-Rösing
Verlag pietsch, ISBN 978-3-613-50654-1

Webseiten

Online-Bergführer mit ausführlichen Be-
schreibungen und Schwierigkeitsbewer-
tungen für Wanderungen, Skitouren und
Wanderungen
http://www.tourentipp.de

Online-Blog einer Wanderbegeisterten mit
vielen Tipps für Touren in ganz Deutschland
http://www.tharun-touren.de/

Webseite des outdoor-Magazins mit vielen
Tipps und Anregungen
http://www.outdoor-magazin.com

Kärtchenübung (Kopiervorlage)

konzentriert, (aber gelassen) fokussiert (Blick) zielgerichtet	ästhetisch schön elegant fließende Bewegungen
angriffslustig energiegeladen willensstark »Ich freue mich darauf!«	selbstsicher zuversichtlich aufrecht, gerade selbstbewusst
optimistisch zuversichtlich positiv gestimmt neugierig, wie es wird	mit Leichtigkeit gelassen locker, entspannt unbeschwert
spielerisch kreativ experimentieren ausprobieren	mutig voller Selbstvertrauen (aber nicht leichtsinnig)

Bildnachweis

Einleitung: andreas – www.fotolia.com: S. 6–7.

Kapitel 1: maurosessanta – www.fotolia.com: S. 13; Andreas Haertle – www.fotolia.com: S. 14; Alexander Rochau – www.fotolia.com: S. 16; Rolf Langohr – www.fotolia.com: S. 17; choucashoot – www.fotolia.com: S. 19; Montferney – www.fotolia.com: S. 21; Tyler Olson – www.fotolia.com: S. 24/25; Dirk Lüde: S. 26; de Vice – www.fotolia.com: S. 27; Sebastian Kaulitzki – www.fotolia.com: S. 28.

Kapitel 2: Oliver Hartmann: S. 31; Grischa Georgiew – www.fotolia.com: S. 37; Netzer Johannes – www.fotolia.com: S. 38; Bella Wieser: S. 39; EF-EL – www.fotolia.com: S. 40–41; GYNEX – www.fotolia.com: S. 45; bynicola – www.fotolia.com: S. 48–49; Alexander Rochau – www.fotolia.com: S. 52.

Kapitel 3: xtaska – www.fotolia.com: S. 55; Gerisch – www.fotolia.com: S. 56–57; Karina Baumgart – www.fotolia.com: S. 62–63; Alexander Rochau – www.fotolia.com: S. 66, S. 69, S. 72; Oliver Kloth – www.fotolia.com: S. 67; thomas1111 – www.fotolia.com: S. 69; maurosessanta – www.fotolia.com: S. 70–71; Svenni – www.fotolia.com: S. 74; takasan – www.fotolia.com: S. 76–77; karin eichinger – www.fotolia.com: S. 81; Marco Cerovac – www.fotolia.com: S. 82; Ellie Nator – www.fotolia.com: S. 83; fiburas – www.fotolia.com: S. 84; Tyler Olsen – www.fotolia.com: S. 87; Oliver Hartmann: S. 88; Michael Pruckner: S. 90; Franz Wetzel: S. 95; Mark Richardson – www.fotolia.com: S. 97; Bernd Kröger – www.fotolia.com: S. 98; Hallgerd – www.fotolia.com: S. 105; Bella Wieser: S. 107.

Kapitel 4: auremar – www.fotolia.com: S. 108; Katja, S. 109; Patrizia Tilly – www.fotolia.com: S. 110–111; lereyking – www.fotolia.com: S. 112; Robert Kneschke – www.fotolia.com: S. 114; bernd.walter – www.fotolia.com: S. 117; Oliver Hartmann: S. 118; Susanne: S. 118; Angelika: S. 119.

Karte 1: maurosessanta – www.fotolia.com

Karte 2: The Photos – www.fotolia.com

Karte 3: Ralf Langohr – www.fotolia.com

Karte 4: Alexander Rochau – www.fotolia.com

Karte 5: Andreas Härtle – www.fotolia.com

Karte 6: Grischa Georgiew – www.fotolia.com

Karte 7: Oliver Kloth – www.fotolia.com

Karte 8: privat

WEITERE INTERESSANTE BÜCHER ZUM THEMA

In diesem Expeditionsbericht schildert Dieter Porsche seine 31-Stunden-Speedbegehung des Hidden Peak und den Unfall seines Partners.

224 Seiten, 156 Bilder,
Format 140 x 220 mm
ISBN 978-3-613-50630-5
€ 7,99 / € (A) 8,20

In diesem packenden Abenteuerbericht schildert der Extrembergsteiger Dieter Porsche die dramatische Geschichte einer außergewöhnlichen Besteigung des Dhaulagiri.

256 Seiten, 155 Bilder, Format 140 x 220 mm
ISBN 978-3-613-50610-7
€ 7,99 / € (A) 8,20

Stand 2018
Änderungen in Preis
und Lieferfähigkeit vorbehalten.

Überall, wo es Bücher gibt, oder unter
WWW.PIETSCH-VERLAG.DE
Service-Hotline: 0711/78 99 21 51